道路交通管理技术概论

常安德　主编

中国人民公安大学出版社

图书在版编目（CIP）数据

道路交通管理技术概论／常安德主编. -- 北京：
中国人民公安大学出版社，2024. 10. -- ISBN 978-7
-5653-4908-9

Ⅰ. U491

中国国家版本馆 CIP 数据核字第 2025DM3614 号

道路交通管理技术概论

常安德　主编

责任编辑：马东方	
责任印制：周振东	

出版发行：中国人民公安大学出版社
地　　址：北京市西城区木樨地南里
邮政编码：100038
经　　销：新华书店
印　　刷：涿州市新华印刷有限公司
版　　次：2024 年 10 月第 1 版
印　　次：2024 年 10 月第 1 次
印　　张：19
开　　本：787 毫米×1092 毫米　1/16
字　　数：325 千字
书　　号：ISBN 978-7-5653-4908-9
定　　价：78.00 元

网　　址：www.cppsup.com.cn　　www.porclub.com.cn
电子邮箱：zbs@cppsup.com　　zbs@cppsu.edu.cn

营销中心电话：010-83903991
读者服务部电话（门市）：010-83903257
警官读者俱乐部电话（网购、邮购）：010-83901775
公安业务分社电话：010-83906108

编 委 会

前　言

　　道路交通运输作为交通运输的重要组成部分，对人们的生产生活和社会经济的发展发挥着重要作用。然而，随着我国汽车保有量与驾驶人数量的快速增长，道路交通安全、交通拥堵等问题日趋凸显。交通问题的解决或缓解，不仅需要治理层面的规划，同时也需要技术方面的支撑。撰写本书的出发点，一方面是为道路交通领域专业人士提供培训参考书，另一方面是为道路交通管理部门提供可资借鉴的技术工程手段和具体的学习案例。

　　本书主要有以下特点：

　　一是可读性。本书体例清晰、逻辑完整，文字简洁、图文并茂，可谓通俗易懂。

　　二是科学性。在内容的编写上，本书遵循交通工程的基础理论，结合了国内的实际交通问题，同时借鉴了发达国家的先进管理经验。

　　三是实用性。本书所介绍的易于实施的工程手段、组织管理措施等，能够一定程度地解决、缓解或调节交通供需矛盾，达到管理效果。

　　本书由中国刑事警察学院、沈阳农业大学等单位的老师共同撰写。全书共6章，第1章由陈松、种发光、颜大森撰写；第2-5章由常安德撰写；第6章由王京、凌长春、黎治民撰写。

　　由于编者水平有限，加之时间仓促，书中难免存在不妥之处，恳请读者批评指正！

编　者

2024 年 10 月

目　　录

第1章 绪 论

1.1 背景

交通运输对于人们生产生活、社会经济发展都很重要。道路交通运输作为交通运输的重要组成部分，大大提高了人们的中短途出行效率，其作用不可替代。然而，目前全世界很多国家道路交通系统的建设、运营及发展面临着诸多挑战。例如，汽车保有量快速增长与集中化，交通安全形势严峻，交通拥堵持续恶化，货物运输效率偏低，噪声、大气等污染严重，等等。

面对如此之多且极为复杂的交通问题，各国政府、交通主管部门、科技界及学术界一直在不懈努力，力求优化道路交通系统，提高交通出行质量。交通问题的核心在于社会、经济及环境之间的冲突。解决交通问题的关键是在宏观层面如何适配城市规划、土地开发、道路网络与交通需求之间的关系，在微观层面怎样协调人、车、路与环境之间的关系。

在实际工作中，交通管理部门更多的是要基于既有道路网络、道路设施及交通环境，通过易实施的工程手段、管控措施等，解决、缓解或调节交通供需矛盾，达到短期内立竿见影的管理效果。

1.2 管理目标

道路交通管理的总体目标是根据机动车、非机动车、行人等各类道路使用者的出行需求，通过交通组织、交通控制、设施布置、车辆引导等方面的管理措施，保障道路交通系统具有更高的安全性、畅通性、有序性、便捷性及经济性，并尽可能降低环境污染。

在实际的交通管理工作中，不同位置、不同时间或不同主体往往又会形成不一致的管理目标。甚至不同的目标之间可能会产生矛盾，必要时应互相妥协。

交通管理的具体目标主要包括以下内容：

（1）尽可能地降低交通事故发生的概率，特别是在各等级公路、城市快速路、人行横道处等，交通事故预防是重中之重；

（2）提高交叉口或道路的通行能力，减少交通拥堵，此目标对于城市中心区道路尤为重要；

（3）规范道路交通运行秩序，特别是在混合交通突出、畸形交叉口等位置或者学校、医院、商场、市场、车站、老旧居民区等区域；

（4）提高慢行交通运行质量，重点是提升步行与骑行交通方式的安全性、便捷性及出行体验；

（5）完善无障碍道路交通设施；

（6）提高停车便捷性，同时应考虑交通需求调控的宏观目标；

（7）提高公交车通行效率，并在实施公交优先发展政策的同时考虑过渡期背景交通的承受能力；

（8）提升接送学生、就医、接送站、换乘、旅游、参加大型活动等出行的便捷性；

（9）提升救护车、消防车、警车等特种车辆执行任务期间的通行便捷性；

（10）提高公路货运车辆的生产力与安全性，其对实现道路交通运输任务的经济目标尤为重要；

（11）保障道路使用者获得道路交通信息的准确性、时效性及持续性；

（12）减少能源消耗与环境污染，包括空气污染、噪声污染、振动污染等；

（13）提升道路交通管理工作的公众认可度；

（14）降低交通管理者不必要的劳动强度，也就是实现"向机制要警力""向专业要警力""向科技要警力"；

（15）减少交通管理工作不必要的经济投资，也就是提高交通管理工作投入的产出比。

1.3 基本要素

道路交通管理的主体一般是指各级交通管理部门，在我国主要是由交通警察部门负责道路交通管理工作。道路交通管理的客体是指人、车、路及环境，涉及的基本要素有交通需求、交通行为、车辆性能、道路条件、交通管理设施、路域环境及相关的法律、法规、规章、标准等。

1.3.1 交通流特性

在交通管理工作中，交通流特性主要是指车辆流动规律性的反映，一般通过交通流参数之间的数学关系进行表达。交通流参数包括流量、速度、密度等基本参数，还包括饱和度、延误、车头时距等衍生参数。利用交通流特性可以监测、分析或预测交通状态，进而制定更有效的交通管理方案。

1.3.2 法律、法规、规章、标准

在交通管理工作中，法律一般是指由全国人民代表大会及其常务委员会制定的具有普遍约束力的规范性文件，如《中华人民共和国道路交通安全法》；法规包括行政法规、地方性法规等，行政法规是指由国务院制定的规范性文件，如《中华人民共和国道路交通安全法实施条例》，地方性法规是指由省、自治区、直辖市等人民代表大会及其常务委员会根据本行政区域具体情况制定的规范性文件；规章分为部门规章和地方政府规章，部门规章是指由国务院各部委制定的具有行政管理性质的规范性文件，如《道路交通事故处理程序规定》，地方政府规章是指由省、自治区、直辖市或较大市人民政府制定的规范性文件；标准一般是指由国家标准化管理委员会（国标）、国务院有关行政主管部门（行标）等制定的具有强制或推荐性质的技术标准，如《道路交通标志和标线》（GB 5768）。有关的法律、法规、规章及标准均是开展交通管理工作的重要依据性文件。

1.3.3 交通需求

道路交通需求是指在日常生活中人们因交通出行需要而产生的要求。了解并掌握道路交通需求对交通管理工作非常重要，有助于交通管理部门合理规划交通

路线、调节交通量、制定管控措施、预防交通事故，从而充分保障交通管理效果。

1.3.4 交通行为

交通行为是指人们在驾驶、骑行或步行过程中做出的行为选择，如操作交通工具、速度选择、交通违法行为等。良好的交通行为可以保障道路使用者的交通安全，提高出行效率。规范并引导道路使用者的交通行为对交通管理工作也非常重要，有助于降低交通事故发生的概率，提升整体交通运行质量。

1.3.5 车辆性能

车辆性能是指机动车或其他交通工具在使用过程中所表现出来的各种特点与能力，一般包括车辆的最高速度、加速度、制动性能、转弯半径、燃油经济性、舒适性、安全性等。车辆性能的优劣对行车安全、行驶效率及出行体验都有重要的影响，进而也对交通管理工作产生一定的影响。近年来，越来越多的高新技术用于提高车辆性能，也给交通管理的效果提升带来巨大的想象空间，如车联网、自动驾驶等技术。

1.3.6 道路条件

道路条件一般包括道路功能、道路等级、道路线形、断面布置、道路宽度、路面条件、路基条件、视距条件、交叉结构、接入情况、结构物、排水设施等，主要是指道路工程部分。良好的道路条件能够提高交通流畅度，保障基本的交通安全。例如，柔顺的道路线形可使车辆平稳通行，减少驾驶人的行车负担，减少交通事故的发生。

1.3.7 交通管理设施

交通管理设施包括交通标线、交通标志、交通标牌、信号灯、隔离设施、防护设施、反光设施、防眩设施、视线诱导设施和交通监控设备、信息发布设备、车辆检测器等以及一些新兴的智能化设备，主要是指交通工程部分。道路工程是实现交通功能的基础载体，交通工程是实施交通管理的重要抓手，二者相辅相成，难以彻底切割。一个优秀的交通工程方案可以适当弥补道路工程的不足，也可推动道路工程的优化整改。交通管理部门通过交通管理设施可影响道路使用者的交通行为，满足道路使用者的交通需求，实现预定的交通管理目标。

1.3.8 路域环境

除了交通需求、道路条件及交通设施外，道路周边环境因素也会影响道路使用者的交通行为，包括天气环境、光照环境、声音环境、人文环境等。不良环境有可能增加交通管理的难度，如下雨或下雪，道路变得湿滑，则势必增加车辆面临的风险，此时交通管理部门需要引导驾驶人减速慢行。

1.4 我国交通管理现状

1986 年 10 月，国务院发布了《关于改革道路交通管理体制的通知》，决定全国城乡道路交通由公安机关统一管理。同年 12 月，经国务院批准，公安部成立了交通管理局。2004 年 5 月，《中华人民共和国道路交通安全法》实施，道路交通安全法律体系开始逐步完善。时至今日，互联网、大数据、云计算、人工智能、车路协同、自动驾驶等新兴技术不断涌现并应用于我国道路交通管理。

在近 40 年的行业发展进程中，我国各级交通管理部门做出了不懈努力，并通过"畅通工程""减量控大"等全国范围的重要行动，全面提升了我国道路交通安全水平，抑制了城市交通拥堵态势，同时提高了广大道路使用者的交通文明意识。然而，在当前交通管理工作中，依然存在一些制约我国交通管理成效的问题。

一是理论与实践脱节。1985 年前后，国内几所高校陆续引进了"交通工程学"，算起来我国开展"交通工程学"专业教育已有近 40 年的历史，但大量基础、实用且重要的交通工程理论知识并未应用于交通管理实践。例如，目前我国一些道路的限速值依然简单采用设计速度值，而未开展必要的交通工程论证，导致道路限速值普遍偏低。

二是对基础交通工程重视不够。智能交通系统的应用效果必定是以高水平的交通规划、交通组织及交通工程为基础，否则只能是空中楼阁。在过去 20 年，我国智能交通系统建设如火如荼，但应用效果却鲜尽如人意。究其原因是对基础条件重视不够，对交通规律理解不深且对历史数据分析不足。

三是人才与需求倒挂。在交通管理工作中，多年来一直有个奇怪的现象，那就是交通管理部门对于交通工程、交通管理、交通安全等领域的专业人才需求迫切，但同时我国各大高校每年又有大量交通工程、交通运输、车辆工程等专业的优秀毕业生面临就业压力。

四是农村公路底子薄。我国农村公路具有覆盖范围广、道路里程长及地区差异大等特点。经过多年的堆积，目前普遍存在公路规划不合理、交通设施陈旧、不符合现行标准等问题。我国农村公路交通事故占比偏高。

五是技术标准不精细。技术标准作为开展交通管理工作的重要指导性文件，应是越详细、越明确、越科学，指导价值越高。目前我国交通管理领域的一些技术标准精细化程度不高，如对行人过街信号清空、视距三角形计算等有关规定不清晰。

六是重建设轻管理。一个高水平的交通管理工程或系统，应呈现"三分在建，七分在管"的局面。目前我国一些城市或地区由于预留资金不足、重视程度不够、管理思路陈旧等因素，导致个别交通管理工程或系统建成后尚未充分发挥作用就已开始烂尾。

七是基础数据利用率低。目前我国大多数城市或地区都已积累海量的基础交通数据，或是拥有获取海量基础交通数据的能力，但将海量数据进行深入分析，并应用于交通管理实战的成功案例不多。

八是交通问题源头治理缺失。道路交通系统的运行周期依次为城市规划、交通规划、交通设计、工程建设及交通管理。我国目前所面临的道路交通问题很多源自规划设计阶段。在交通管理部门不能深度参与规划设计工作的前提下，寄希望于末端交通管理解决所有交通问题是不切实际的。

九是部门壁垒难破。除了交通警察部门外，我国的道路交通管理工作还与交通运输部门、城建部门、城管部门，甚至与教育部门、医疗部门、铁路部门、企事业单位等有关。一套科学、合理、有效的交通管理方案往往需要多个部门紧密协作才能形成，如学校周边交通拥堵、农村公路交通隐患等问题的解决都需要多部门联合协作。

十是交通管理系统性不足。道路交通系统是一个典型的复杂系统，导致交通管理工作具有较高的复杂性，通常要从时间、空间、要素等维度进行系统性考虑才能更好地解决问题。例如，解决交叉口拥堵问题，若只优化渠化设计或只优化信号配时，则难以达到最优效果，而是应同时开展交叉口时空资源优化，才有可能彻底解决问题。

1.5 主要内容

　　本书分为 6 个部分进行编写，第 1 章为"绪论"，介绍交通管理的概述性内容；第 2 章为"基础理论知识"，介绍交通管理的基础理论与背景知识；第 3 章为"交通数据调查"，介绍基础数据的调查手段、调查方法及分析方法；第 4 章为"交通管理设施"，介绍交通管理设施的类型及其用途、特点、设置方法等；第 5 章为"交叉口管理"，介绍不同类型交叉口的设计、控制及管理方法；第 6 章为"路段交通管理"，介绍道路横断面及车道、限速管理方法。

📃 课后作业

1. 简述交通管理的含义。
2. 分析交通管理各要素之间的关系。
3. 思考我国交通管理存在的其他问题。

第2章 基础理论知识

本章主要介绍交通管理工作所需的基础理论与背景知识，以便交通管理者了解道路交通系统的本质，帮助其制定更加科学的交通管理方案。本章的主要内容包括人因理论、道路网、视距及交通流特性。

2.1 人因理论

人因理论是指研究人的行为与决策受周围环境、文化氛围、社会关系等因素影响的理论。此理论认为人的行为与决策不仅是由个人的意志力与控制力决定的，同时也受到多种外部因素的影响。人因理论的提出对于心理学、社会学、管理学等领域的研究都有很大的启示作用。

任何一个正常人都不愿意发生交通事故，交通事故通常是由驾驶人的无心之举而造成。从人因理论上讲，如果道路本身的设计、建设或管理出现问题，致使驾驶人误判形势，从而形成错误的驾驶行为与决策，并最终导致发生交通事故，则道路交通主管部门存在失职之嫌。

2.1.1 人本因素

人本因素可以分为两个层面：一是生理因素；二是心理因素。生理因素主要是指与道路使用者身体机能有关的因素，包括视力、色感、体力、反应等；心理因素是指道路使用者面对周围环境、道路设施及交通信息时产生的意识、认知或判断。

如图 2-1 所示，驾驶人从获取外部信息到其做出相应驾驶行为的过程，受到生理因素与心理因素的共同作用。

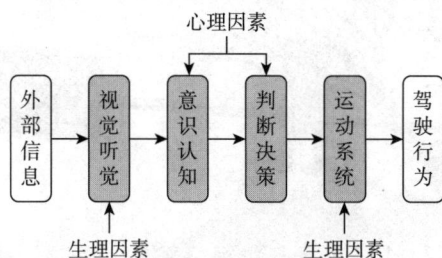

图 2-1 驾驶人的反应过程

2.1.2 生理限制

2.1.2.1 视觉限制

道路使用者获取外部信息是靠视觉、听觉、触觉等，其中主要依靠视觉。因此，交通工程的设计必须充分考虑道路使用者的视觉特征，包括视力、视野、色感等。

（1）视力。在一定距离内眼睛分辨物体形态细节的能力称为视力，分为静视力与动视力。

静视力是指在不移动眼睛或目标物的情况下，人眼可以清晰看到静止物体的能力。静视力作为评估驾驶人视力的一个重要指标，通常使用视力表进行测试。静视力受到疾病、年龄等因素的影响。目前我国对驾驶人视力（静视力）要求为"申请大型客车、重型牵引挂车、城市公交车、中型客车、大型货车、无轨电车或有轨电车准驾车型，两眼裸视力或者矫正视力达到对数视力表 5.0 以上。申请其他准驾车型，两眼裸视力或者矫正视力达到对数视力表 4.9 以上"。

动视力是指在车辆运动过程中，驾驶人能够快速看清周围物体的能力。随着速度的增大，动视力迅速降低。动视力与驾驶人年龄有关，年龄越大，动视力越差。此外，动视力还受到光线、色彩等条件变化的影响。

如图 2-2 所示，交通标志的尺寸过小，不在驾驶人的安全识别视力范围内。

图 2-2 交通标志的尺寸过小

（2）视野。视野是指两眼注视某一目标物，注视点两侧可以看到的范围大小，也可分为静视野与动视野。视野受到视力、速度、年龄、疾病等因素的影响。静视野范围最大，随着车速的增加，驾驶人的视野迅速变窄，注视点随之远移，两侧景物变模糊，见表 2-1。

表 2-1 驾驶人视野与车速变化

车速（km/h）	注视点距离（m）	视野（°）
40	180	90～100
70	360	60～80
105	610	<40

对于目标物的清晰程度（如交通标志、信号灯等）而言，无论驾驶人的视野大小，一般是在 10°视觉圆锥角范围之内较为清晰，如图 2-3 所示。随着角度的增大，目标物的清晰程度将会明显降低。因此，在交通工程设计中，交通设施布设一般不应超过驾驶人的 10°视觉圆锥角范围。

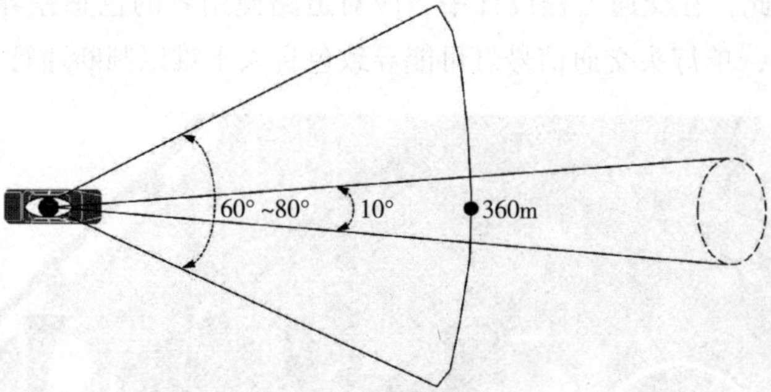

图 2-3　驾驶人视觉圆锥角示意

如图 2-4 所示，交通标志的设置明显超过驾驶人的 10°视觉圆锥角范围。

图 2-4　交通标志设置的视觉角度不合理

（3）色感。色感是指驾驶人对不同颜色的群体感受与个体差别。在行车过程中，驾驶人经常需要根据信号灯、标志、诱导屏等设施所显示的颜色做出正确的驾驶决策。

就群体感受而言，红色刺激性强，易见性高，往往使人产生兴奋的感觉；黄色光亮度高，反射强度大，往往使人产生警示的感觉；绿色则是比较柔和，给人一种很安全的感觉。因此，在信号灯中，红色被作为禁行信号，黄色被作为警告信号，绿色被作为通行信号。交通标志、诱导屏等信息的颜色显示也有类似的考虑。

就个体差异而言，个别道路使用者的色感具有一定的特殊性，如色盲、色弱。如果驾驶人的色感存在问题，可能会导致其对交通信息产生误判，从而存在安全风险。因此，在交通工程设计中，应对道路使用者的色感差异性进行考虑。如图 2-5 所示，单灯头交通信号灯可能导致色盲人士难以判断通行权。

图 2-5　单灯头交通信号灯

（4）其他

● 顾盼时间。驾驶人为看清周围环境，通常需要不断扫视左右侧、前后方、后视镜等，视觉目标点转移所需的时间称为顾盼时间，一般为 0.5~1.26s。

● 视觉深度。驾驶人对于前方物体的距离感知能力称为视觉深度。作为安全驾驶的一个重要因素，视觉深度受到驾驶人的视力、视角、经验、训练等多种因素的影响。

● 闪光恢复。在驾驶人进入隧道、驶离隧道或受强光照射后，眼睛通常需要一定的时间恢复正常视觉状态，此过程称为闪光恢复，一般为 2~4s。

2.1.2.2　反应

驾驶人的反应速度、反应时间与反应距离具有相关性。反应时间通常是以"秒"为计量单位。即便如此，由于车辆行驶的速度一般比较高，如 72km/h 的车速，1s 就可以移动 20m，所以在交通工程设计中，必须充分考虑驾驶人的反应时间。此外，还须考虑操作时间、制动距离等因素。

如图 2-6 所示，驾驶人从看见信号灯开始，直到将所驾驶车辆停在停止线前，需要一段充足的安全距离。

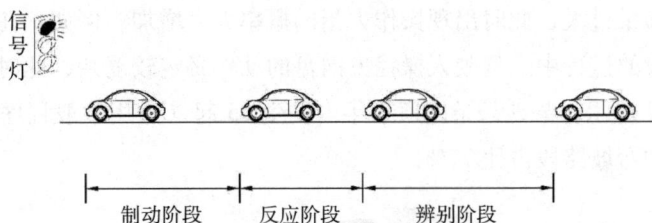

图 2-6　驾驶人反应限制的交通工程影响

参考美国各州公路工作者协会规定，驾驶人的辨别时间约 1.5s，反应时间至少需要 0.4s，制动时间约 1s，加在一起为 3s 左右。另外，反应时间的长短还与驾驶人的素质、个性、年龄、性别、情绪、经验等因素有关。

2.1.2.3　驾驶疲劳

驾驶疲劳是指由于长时间驾驶、连续工作、睡眠不充足等原因导致的身体上或精神上的疲劳状态。驾驶疲劳可能导致驾驶人精力不集中、反应迟钝、判断力下降，从而会增加交通事故发生的概率。某市统计数据表明，与驾驶疲劳有关的交通事故约占（适用一般程序处理的）交通事故总数的 5%。驾驶人 1 天行车超过 10 小时，而在前一天睡眠时间不足 5 小时，此时事故率明显偏高。

曾有试验发现，车辆以 100km/h 的速度行驶，在 30~40min 后，驾驶人出现抑制高级神经活动的信号，表现出困乏、欲睡、迟钝等疲劳状态，且在 2 小时后生理机能开始进入睡眠状态。因此，应对驾驶人连续开车时长、连续行车距离、睡眠时间保障等方面加强管理。

在交通管理中，一般可以通过生理机能检测、身体状况检查、行车行为观测、行车数据分析等手段发现驾驶疲劳。

2.1.3　驾驶负荷

驾驶负荷是指在行车过程中，驾驶人需要承担的身体上与精神上的各种压力，包括观察周围环境、控制行车速度、识别交通信号、注意其他车辆、避让行人与非机动车等。驾驶负荷越大，驾驶人疲劳程度越高，驾驶行为越复杂，交通安全风险越突出。因此，在交通工程设计中，应尽可能降低驾驶负荷。

2.1.3.1　身体负荷

驾驶人的身体负荷主要来自车辆的操控过程。身体负荷过大，说明驾驶人操控车辆的工作量过大，此时出现操作失当的概率大大增加。例如，在车辆经过急弯或陡坡路段的过程中，驾驶人操控方向盘的动作必定较复杂，此时驾驶负荷较大。如图 2-7 所示，某地某条国道 3 年内发生 65 起（适用一般程序处理的）交通事故，其中弯坡路段占比 77%。

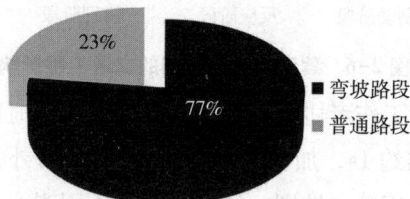

图 2-7　某国道弯坡路段交通事故占比

2.1.3.2　精神负荷

驾驶人的精神负荷主要来自外部信息带来的紧张感，经常伴随着身体负荷而产生。交通信息给驾驶人带来的精神负荷不容忽视，如驾驶人信息负载问题。如果向驾驶人一时传递过量的交通信息，则其难以全部接受，而且易间接形成交通安全风险。如图 2-8 所示，在一个位置设置的交通标志多达 10 块，已经失去了实时传递交通信息的作用。

图 2-8　交通标志信息过载

2.1.4　驾驶彷徨

在彷徨、犹豫、迷惑时，任何人都易做出不正确的决策，产生不合理的行为，当然也包括驾驶人。驾驶彷徨是指在接收某些外部信息后，驾驶人出现的短暂性犹豫不决、不知所措等思维反应。驾驶人一旦陷入驾驶彷徨，将面临一定的安全风险。

常见的驾驶彷徨主要涉及以下几种场景：

2.1.4.1　标志彷徨

一旦交通标志出现缺失、损坏、模糊、过载等问题，则可能导致驾驶人无法快速对其含义进行判断。如图 2-9 所示，交通标志被绿植遮挡。

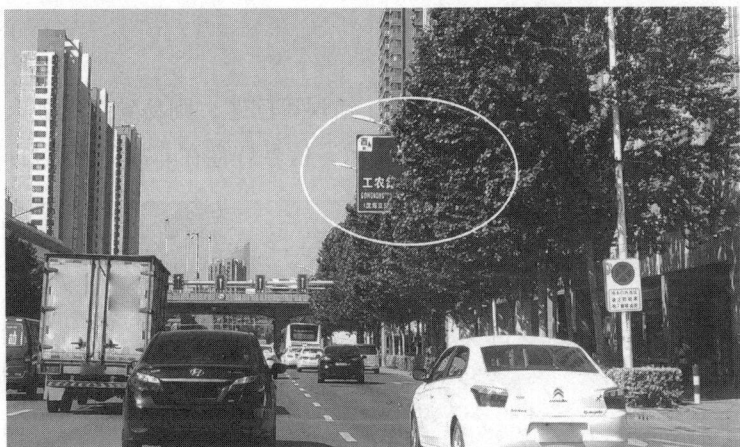

图 2-9　交通标志被绿植遮挡

2.1.4.2　标线彷徨

一旦交通标线出现缺失、模糊、错误、冲突等问题，则可能导致驾驶人无法快速对其空间通行权进行判断。如图 2-10 所示，车道分界线颜色错误。

图 2-10　车道分界线颜色错误

2. 1. 4. 3　信号灯彷徨

一旦信号灯出现灭灯、模糊、损坏、错误等问题，则易导致驾驶人无法快速对其时间通行权进行判断。如图 2-11 所示，信号灯存在非故障性灭灯问题。

图 2-11　信号灯非故障性灭灯

2. 1. 4. 4　黄灯彷徨

黄灯彷徨属于一种特殊的信号灯彷徨，很多驾驶人对信号控制交叉口黄灯的含义与作用不明晰，或未养成良好的驾驶习惯，导致其在遇到黄灯时易出现决策犹豫，不知应快速通过交叉口还是及时停车。

2.1.5　吸睛效应

吸睛效应是指一种视觉现象，即某个物体或场景具有强烈的吸引力，多出于广告行业用于宣传、营销或创意的目的。但在交通工程中，吸睛效应可能引起负面效果。受驾驶人生理限制的影响，当面临复杂的交通环境或交通信息时，驾驶人往往只能充分了解一定数量的内容，从而漏掉一些关键性内容，特别是在受到吸睛效应影响的情况下，容易形成交通安全隐患。

如图 2-12 所示，在一处信号灯控制的交叉口，设置大量极其醒目的交通标志和广告宣传牌，会格外吸引驾驶人的注意力，导致驾驶人忽视信号灯的存在。

图 2-12　交叉口大量交通标志的吸睛效应

2.2　道路网

道路网是由各类型、各等级道路通过交叉口实现互通，用于连接不同城市、乡村或地点的交通网络。道路网的规划、设计及建设显著影响交通需求的分布及交通效率、交通安全、出行体验等方面的运行效果。

2.2.1 道路分类

世界各国采用的道路分类体系均有所差别，但其分类的直接目的主要是建立针对性的技术标准，以实现道路设计、管理及养护的科学性。

不同的目的有着不同的分类角度，道路分类角度包括服务对象、技术等级、行政等级、道路功能、地形、横断面、服务水平、建设方式、建设时间、事故率、运输工具、运输任务、管养方式等。

下面介绍几种常见的道路分类方法。

2.2.1.1 按照服务对象分类

按照服务对象划分，道路分为城市道路、公路、厂矿道路、林区道路、乡村道路、港区道路等。

城市道路一般是指城市建设行政主管部门修建，提供各种机动车、非机动车及行人通行的工程设施，含相关的桥梁、隧道等。

公路是指交通行政主管部门下属的公路建设、养护或管理部门修建，主要供机动车行驶，连接城市间、城乡间或乡村间的公共道路，包括桥梁、隧道等。

2.2.1.2 按照技术等级分类

（1）城市道路。城市道路分为快速路、主干路、次干路及支路。

快速路应中央分隔、全部控制出入、控制出入口间距及形式，实现交通连续通行，单向设置不少于两条车道，并应设有配套的交通安全与管理设施。

主干路应连接城市各主要分区，以交通功能为主。

次干路应与主干路结合组成干路网，以集散交通功能为主，兼有服务功能。

支路宜与次干路及居住区、工业区、交通设施等内部道路相连接，以服务功能为主，承担局部地区交通需求。

（2）公路。公路分为高速公路、一级公路、二级公路、三级公路及四级公路。

高速公路为专供汽车分方向、分车道行驶，全部控制出入的多车道公路。

一级公路为供汽车分方向、分车道行驶，可根据需要控制出入的多车道公路。

二级公路为主要供汽车行驶的双车道公路。

三级公路为供汽车、非汽车交通混合行驶的双车道公路。

四级公路为供汽车、非汽车交通混合行驶的双车道或单车道公路。

2.2.1.3　按照行政等级分类

公路分为国道、省道、县道及乡道。

国道是由国务院交通主管部门会同国务院有关部门并商国道沿线省、自治区、直辖市人民政府编制规划，并报国务院批准建设。

省道是由省、自治区、直辖市人民政府交通主管部门会同同级有关部门并商省道沿线下一级人民政府编制规划，并报省、自治区、直辖市人民政府批准建设，同时应报国务院交通主管部门备案。

县道是由县级人民政府交通主管部门会同同级有关部门编制规划，并经本级人民政府审定，再报上一级人民政府批准建设。

乡道是由县级人民政府交通主管部门协助乡、民族乡、镇人民政府编制规划，并报县级人民政府批准建设。

道路分类是一个庞大且复杂的话题，一般需在道路规划、道路设计、交通设计、交通管理等具体的应用场景下才有可能深入讨论下去，且易形成见仁见智的局面，此处不再赘述。

2.2.2　道路功能

考虑到城市布局、路网结构、沿线用地、交通需求、道路指标等因素，主要将道路功能分为通过性功能、本地性（生活性或生产性）功能及集散性功能。

（1）通过性功能。具有通过性功能的道路应以服务跨区域、长距离的交通需求为主，通常需要强调道路的贯通性、机动性及大容量。

（2）本地性功能。具有本地性功能的道路应以服务区域内、短距离的交通需求为主，通常需要强调道路的可达性、便捷性及舒适性。

（3）集散性功能。具有集散性功能的道路通常用来连接上述两类功能性道路，主要承担"集"或"散"的交通任务。

按照道路功能划分，城市道路可分为交通干道、主集散道路、次集散道路及本地道路。

（1）交通干道。交通干道主要承担通过性功能，一般涉及快速路、主干路。

（2）主集散道路。主集散道路主要承担集散性功能，主要涉及主干路、次干路。

（3）次集散道路。次集散道路主要承担集散性功能，主要涉及次干路、支路。

（4）本地道路。本地道路主要承担生活性或生产性功能，主要涉及支路以及其他低等级城市道路。

典型的城市道路网功能体系如图 2-13 所示。

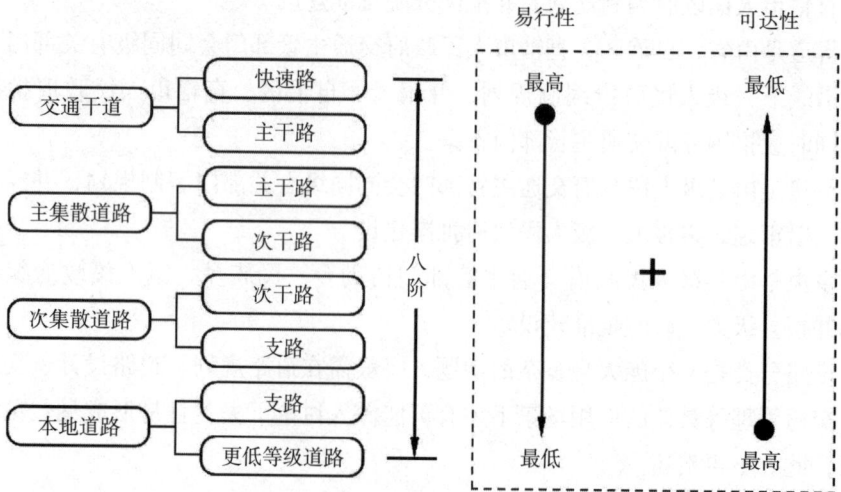

图 2-13 城市道路网功能体系示意

按照道路功能划分，公路可分为干线公路、主集散公路、次集散公路及支线公路。

（1）干线公路。干线公路主要承担通过性功能，一般涉及高速公路、一级公路（国省道）。

（2）主集散公路。主集散公路主要承担集散性功能，主要涉及一级公路（国省道）、二级公路（国省道）。

（3）次集散公路。次集散公路主要承担集散性功能，主要涉及二级公路（省县道）、三级公路（县乡道）。

（4）支线公路。支线公路主要承担生活性或生产性功能，主要涉及四级公路（县乡道）以及其他低等级公路。

道路功能错配很容易引起一系列交通问题。例如：

在城市道路中，交通干道开口过多，貌似可方便沿线的出行需求，但却大大影响了交通干道的通过性功能，降低了长距离交通的行车速度，且过分吸引周边交通流，甚至引起常发性交通拥堵。如图2-14所示，某地某条主干路承担大量过境交通的同时，遍布众多小区出入口，高峰时段交通拥堵比较严重。

图2-14 某主干路小区出入口交通运行实拍

在城市道路中，本地道路盲目拓宽，通过压缩绿化带、慢行道等方式增加机动车道，短期内的确可以提高机动车的通行能力，但却大大弱化了本地道路的服务性功能，严重影响慢行交通的出行体验。如图2-15所示，某地某条支路经过改造，拥有双向6车道的配置，但其车流量很小，道路建设严重浪费，也给周边居民的出行带来了不便，甚至是安全风险。

图2-15 某支路盲目拓宽后交通运行实拍

在支线公路中，同样存在上述道路功能错配导致的交通问题，特别是干线公路接入口过多导致横向干扰大、支线公路技术等级过高导致行车速度高等隐患。另外，随着城市化水平的不断提高，公路穿村过镇路段的道路功能出现了显著变化，由于缺少必要的慢行通道、过街设施、隔离设施、管控设施等，导致交通事故多发。如图 2-16 所示，某条公路穿某镇区路段 3 年内发生多起死亡交通事故，大多数是行人或骑车人被撞事故。

图 2-16　某公路穿村过镇路段交通环境实拍

2.2.3　道路线形

道路线形是指一条道路在平、纵、横三维空间中所呈现的几何形状。道路线形影响道路质量，特别是对行车安全起到决定性的作用。道路线形一般分为平面线形、纵断面线形及横断面线形。

平面线形是指道路中线在水平面投影所得到的几何形状，涉及直线长度、圆曲线半径、曲线变化率、平曲线超高等关键参数。纵断面线形是指道路沿中线竖直剖开后展开所得到的几何形状，涉及直线坡度、直线坡长、竖曲线长度、竖曲线半径等关键参数。横断面线形是指道路沿中线上任一点法向切线剖开后展开所得到的几何形状，涉及道路宽度、路幅、车道、人行道、分隔带、路肩等关键内容。

2.2.3.1　平面线形

平面线形主要是由直线、圆曲线及缓和曲线三要素组成。道路平面线形设计必须充分考虑车辆的行驶规律，保证道路线形的连续性，从而为道路使用者提供舒适的乘车条件。

（1）直线。车辆行驶在直线线形上时，受力均匀，方向明确，操作简单，驾驶体验良好，所以驾驶人往往认为直线行驶比较安全。但事实上是，过长或过短的直线道路都存在较大的安全隐患。

直线过长容易导致驾驶人出现感知力下降、反应迟钝、注意力分散等驾驶疲劳症状。如图 2-17 所示，对于某条设计速度为 100km/h 的高速公路，直线长度超过 2km 后，事故发生概率将随直线长度的增加快速增大，所以此情况直线长度的上限不应超过 2km。

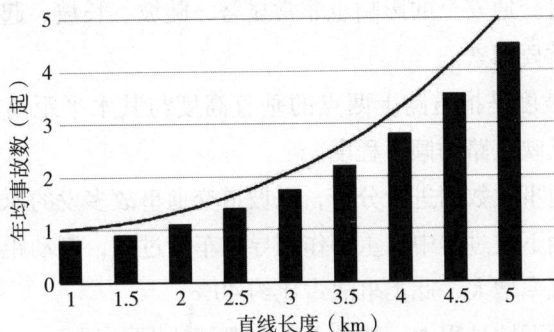

图 2-17　某高速公路直线长度与事故数量相关关系

直线过短容易导致驾驶人产生错觉，将直线与其两端曲线错看成反向曲线，或将两个曲线错认为一个曲线，从而大大增加交通事故发生的概率。如图 2-18 所示，若在互相通视的同向曲线之间插入短直线，则会形成一条"断臂"曲线，从而破坏道路线形的连续性，容易造成驾驶人的不当操作，甚至导致车辆偏离行驶轨迹。

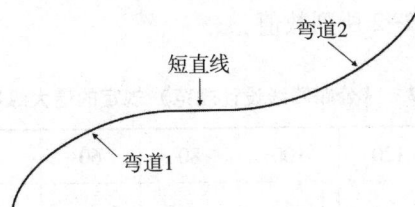

图 2-18　短直线导致的道路平面线形不合理

（2）平曲线。平曲线主要是由圆曲线与缓和曲线组成。当道路直线方向发生变化时需设置圆曲线，为保证直线与圆曲线组合线形的连续性，中间需添加缓和曲线。

离心力会影响平曲线上行驶车辆的稳定性，甚至会使车辆产生侧滑或倾覆。离心力的大小与车辆行驶速度有关，也与曲线半径有关。行驶速度越大，曲线半径越小，离心力越大。因此，为提供安全的道路交通条件，应尽可能选择较大的平曲线半径。

除了曲线半径以外，交通事故率还与转角大小、曲线超高、曲线长度、曲线宽度等平曲线自身特性有关。

2.2.3.2 纵断面线形

纵断面线形对交通安全的影响也非常显著，陡坡、长坡、起伏路等都是导致交通事故发生的重要因素。

（1）坡度。坡度是指道路上两点的垂直高度与其水平距离之比，常以百分比或度数表示，反映道路的倾斜程度。

经对某市交通事故数据进行分析，纵坡道交通事故多发的原因依次为：

第一，在车辆下坡过程中，重力作用导致车速过高，制动距离过长，从而导致交通事故发生概率增大，此类事故占比约40%；

第二，在车辆下坡过程中，驾驶人采取滑行的操作方式，一旦遇到紧急情况来不及采取应急措施，此类事故占比约25%；

第三，在车辆上坡过程中，由于车速差大、视距不良等因素导致的危险超车行为较多，此类事故占比约20%；

第四，由于其他原因导致的交通事故占比约15%。

最大纵坡是指根据道路等级、自然条件、行车要求及临街建筑等因素所限定的纵坡最大值。依据《公路路线设计规范》（JTG D20—2017）的有关规定，公路最大纵坡应不大于表2-2所列数值。

表2-2 《公路路线设计规范》规定的最大纵坡值

设计速度（km/h）	120	100	80	60	40	30	20
最大纵坡（%）	3	4	5	6	7	8	9

（2）坡长。坡长对于交通安全的影响取决于坡度的大小，坡长主要起到对坡度影响放大或缩小的作用。

在车辆上坡过程中，车速降低，此时势必降低道路服务水平，减小道路通行能力。对于一定的坡度而言，坡长越长，速度降低幅度越大，进而负面影响越大。

在车辆下坡过程中，车速不易控制，事故风险显著增加，而且长时间减速、制动，容易造成制动系统损坏，甚至刹车失灵。同样，坡长越长，事故风险越高。因此，在道路设计中，须对不同坡度的坡长做出限制。

依据《公路路线设计规范》（JTG D20—2017）的有关规定，公路最大坡长应不大于表 2-3 所列数值。

表 2-3 《公路路线设计规范》规定的最大坡长值（m）

设计速度（km/h）		120	100	80	60	40	30	20
纵坡坡度（%）	3	900	1000	1100	1200	—	—	—
	4	700	800	900	1000	1100	1100	1200
	5	—	600	700	800	900	900	1000
	6	—	—	500	600	700	700	800
	7					500	500	600
	8					300	300	400
	9					—	200	300
	10	—	—	—	—		—	200

然而，如果坡长过短，则变坡点增多，车辆行驶产生严重的颠簸，驾驶体验变差，同时增加驾驶人的驾驶负荷。因此，在道路设计中，应对坡长的最小长度进行限制。依据《公路路线设计规范》（JTG D20—2017）的有关规定，公路最小坡长应不小于表 2-4 所列数值。

表 2-4 《公路路线设计规范》规定的最小坡长值

设计速度（km/h）	120	100	80	60	40	30	20
最小坡长（m）	300	250	200	150	120	100	60

（3）竖曲线。为保证行车安全、舒适及视距要求，需在坡段的转折处设置

一段竖曲线作为缓和段。竖曲线分为凸形竖曲线与凹形竖曲线。

竖曲线不仅可为车辆在不同坡度道路上行驶起到缓冲作用，而且可减小纵坡变化而产生的驾驶人视线盲区。如图 2-19 所示，竖曲线会对视距产生一定影响。因此，在道路设计中，应充分考虑竖曲线半径，半径越大，视距越能得到保证。

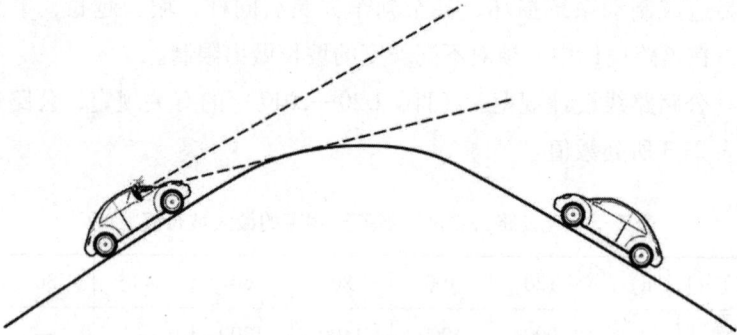

图 2-19　竖曲线对视距影响示意

2.2.3.3　组合线形

随着道路线形复杂性的提高，驾驶人的驾驶负荷也会增加，导致驾驶人容易采取不安全的操作，从而降低交通安全水平。

（1）平面线形组合。交通安全不仅与平曲线本身的特性有关，也与相邻曲线的线形组合情况有关，如连接曲线的直线段长度、相邻曲线的半径大小等。

车辆在较长直线道路上行驶一段时间后，由于适应性的关系，驾驶人对车速的判断力会下降，使得车辆进入弯道以前，驾驶人主观认为车速不高，但此时可能车速仍偏高，从而导致车辆经过弯道段的风险显著增加。因此，在道路设计中，直线不能设计过长，更要避免长直线连接小半径曲线的线形。如图 2-20 所示，较长直线连接一个小半径曲线要比一条连续弯道路段的交通安全风险更高。

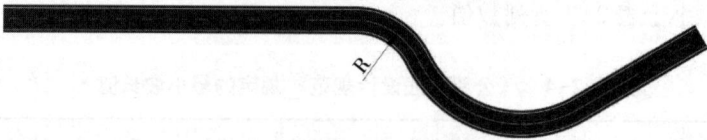

图 2-20　较长直线连接一个小半径曲线

另外，如果连续多个平曲线半径均较小，则会形成连续急弯线形组合，驾驶人短时间内需要反复急打方向盘，导致离心力方向连续变化，同样会降低交通安全水平，还会影响乘车人的视觉、心理及舒适性。

（2）纵断面线形组合。车辆行驶在反复凹凸的路段上，道路连续起伏产生超重或失重的频繁变化，会使乘车人感觉不适。同时容易使驾驶人产生视觉盲区，从而引发交通事故。

另外，过长的纵坡易使驾驶人对坡度产生误判，如果一段长陡坡连接一段较缓坡，则驾驶人可能误认为后者为上坡，随即采取加速行驶的错误操作，导致事故风险增加。

（3）平纵形组合。对于平曲线与纵断面直线的组合，只要曲线半径、坡度等选择得当，驾驶人就可以获得较好的路侧景观，而且景观逐步变化使驾驶人感到新鲜，从而缓解驾驶疲劳，也能有效控制车速。但若线形指标选择不当，则易使驾驶人产生视觉扭曲现象，特别是急弯与陡坡的组合线形，事故风险一般很高。如图 2-21 所示，某山区在弯坡组合路段发生大型货车侧翻事故。

图 2-21　某山区急弯陡坡路段大型货车侧翻事故现场

对于平曲线与竖曲线的组合，竖曲线宜含在平曲线内，且平曲线应比竖曲线稍长一些，从而保证驾驶人视觉的连续性。若将竖曲线的顶点设在平曲线的起点处，则不能给驾驶人一个顺滑的视线诱导，看起来道路好像断了一样。若在一个平曲线内设置多个竖曲线，则会使驾驶人感觉道路被分成几段，同样会影响行车安全。较理想的组合方式是将竖曲线的两个端点分别设在平曲线两端的缓和曲线上，不宜放在缓和曲线以外的直线段上，也不要放在圆弧内。但若平、竖曲线半径都很大，则平、竖曲线的位置均可不受上述限制。

2.2.4 交叉口

交叉口是组成道路网的重要单元，也是产生交通问题的主要来源。交叉口设计是否合理直接影响交通管理的成败。下面考虑交通管理的差别，将交叉口进行分类。

首先，根据道路类型不同，交叉口可分为两大类，即城市道路交叉口与公路交叉口。其次，根据道路相交维度不同，交叉口也可分为两类，即立体交叉口与平面交叉口。

立体交叉口又可分为两种基本形式：

（1）分离式立体交叉口。分离式立体交叉口按其形式不同，分为上跨式与下穿式两种，具有结构简单、占地少、造价低等优点，但其上下层道路缺少匝道连接，车辆不能实现互相转换，所以常用于公路与铁路交叉、桥头引道与滨河路交叉、高架桥与地面道路交叉等情形。

图 2-22 分离式立体交叉口

（2）互通式立体交叉口。互通式立体交叉口由直行道、匝道、交织段、跨线桥等结构单元组成，所有单元之间按照交通转换功能与交通流安全运行要求建立内在的有机联系。除具有互通需求的高速公路系统或城市快速路系统外，当交叉口流量总计超过12000pcu/h时应考虑修建互通式立体交叉口。

图 2-23 互通式立体交叉口

平面交叉口又可分为三种基本形式：

（1）三路交叉口。三路交叉口一般适用于主次道路的交叉，通直方向为主要道路。交叉角度为 75°~105° 的交叉口被称为 T 形交叉口，俗称丁字口。其他形式的三路交叉口多为畸形交叉口，一般存在视线不良、流线不顺、组织不利等多种问题。

图 2-24 三路交叉口

（2）四路交叉口。四路交叉口是最常见的一种交叉口。标准的四路交叉口俗称十字口。十字口在交通组织、信号控制、设施设置等方面较容易操作。但对存在小角度、不对称、阶差大等问题的四路交叉口，衍生出来的交通问题往往较多。

图 2-25　四路交叉口

（3）多路交叉口。多路交叉口一般都属于畸形交叉口，多存在占地面积大、通行效率低、组织难度高等问题。在道路设计中，应尽可能避免。

图 2-26　多路交叉口

根据控制方式的不同，平面交叉口又可分为：

（1）无信号控制交叉口。无信号控制交叉口一般是较低等级道路相交形成的交叉口，多通过让行标志（标线）明确冲突交通流的优先通行权。

图 2-27　无信号控制交叉口

（2）环形交叉口。环形交叉口也称环岛，或称转盘，通过中心岛构建通行规则，实现交通流的有序运行。

图 2-28　环形交叉口

（3）信号控制交叉口。信号控制交叉口主要通过交通信号灯显示的红、黄、绿三种灯色，明确冲突交通流的优先通行权。

图 2-29　信号控制交叉口

根据通行安全性与管理便捷性，交叉口还可分为：

（1）展宽或非展宽交叉口。交叉口展宽是在交叉口进口开辟辅助车道，提高交叉口通行的安全性，或是提高交叉口的通行能力。根据交叉口的具体情况，进出口及其左右两侧均可采取展宽的处理方式。

图 2-30　展宽交叉口

（2）岛化或未岛化交叉口。交叉口岛化是指在交叉口功能范围内，通过标线形式、隔离形式或物理形式的导流岛，对交通流进行分流与导向设计，以使不同类型、不同方向、不同速度的道路使用者自然、安全、有序通过交叉口。

图 2-31　岛化交叉口

交叉口的选择除要考虑安全性以外，还要考虑以下几个因素：

（1）交通规划目标，明确交叉口在整个路网中的功能定位；

（2）交通管理目标，有助于解决既有或潜在的交通运行问题；

（3）畅通性，考虑通行能力、交通延误、排队长度、服务水平等；

（4）兼容性，考虑交叉口与其相邻交叉口之间的协调问题；

（5）地理环境，考虑道路线形、视距条件、气候条件等；

（6）景观环境，考虑周边的自然景观、建筑风格等；

（7）工程预算，包括道路工程、交通工程、排水工程等；

（8）其他影响因素，如在学校、医院、车站等慢行交通需求较大的位置，应充分考虑行人、非机动车的通行需求。

在交叉口设计的过程中，首先需要明确交叉口的主流功能。例如，对于承担中长距离出行的城市主干路，应使交叉口具有更好的通过性功能；对于倡导绿色出行理念的城市，应给行人、非机动车提供更优的时空通行资源。

交叉口设计的具体流程如图 2-32 所示。

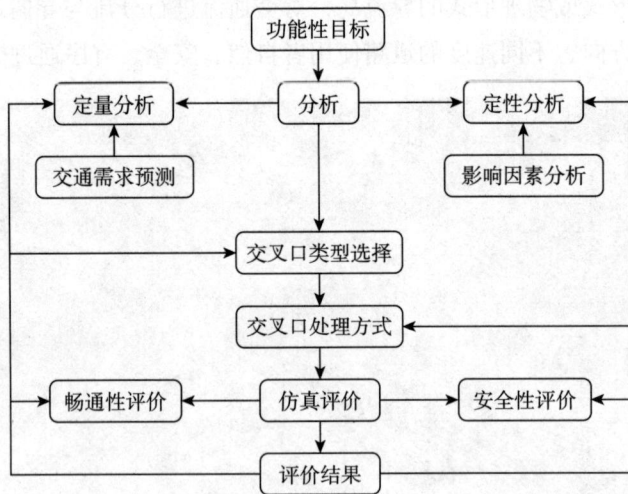

图 2-32　交叉口设计流程

2.2.5　道路网布局

道路的规划设计不能只局限于一个点或一条线，而应着眼于整个道路网。道路网布局是否合理对交通运输效率影响显著。合理的道路网布局可以提高路网的可达性，节省运输时间，降低运输费用，从而取得良好的经济效益、社会效益及环境效益。

典型的公路网布局包括三角形路网、并列形路网、放射形路网、树杈形路网等。

（1）三角形路网。三角形路网一般用于规模相当的重要城镇间直接建立交通联系，主要特点是通达性好、工程量大、运输效率高。

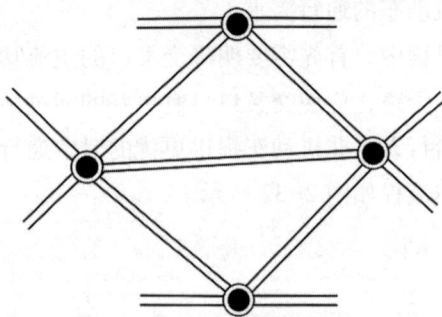

图 2-33　三角形路网结构

（2）并列形路网。并列形路网是由平行的几条干线分别连接一系列城镇，但是处于两条线上的城镇间缺少便捷通道连接。

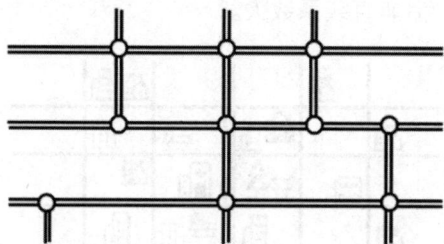

图 2-34　并列形路网结构

（3）放射形路网。放射形路网一般用于中心城市与外围郊区、周围城镇之间的交通联系，对于发挥大城市在经济、政治、科技、文化、信息等方面的中心作用，促进中心城市对周围地区的辐射具有重要意义，不足之处在于周围城镇间联系不便。

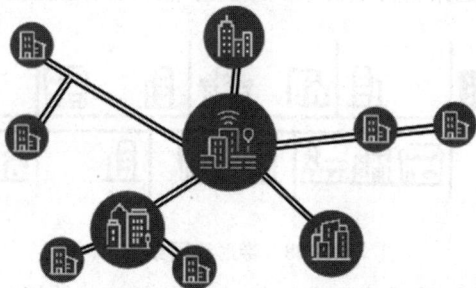

图 2-35　放射形路网结构

（4）树权形路网。树权形路网一般作为公路网中的最后一级，通常是由干线公路分出去的支线公路网，可将乡镇、村屯等与城镇联系起来。

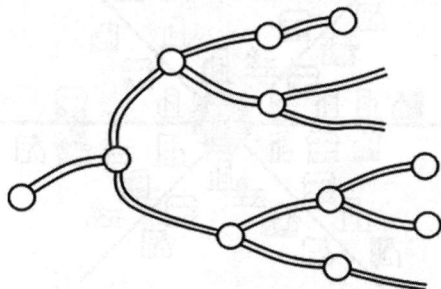

图 2-36　树权形路网结构

典型的城市道路网布局包括方格形、带形、放射形、环形等路网。

（1）方格形路网。方格形路网有助于建筑布置，方向性好，交通需求分布均匀，交通组织便捷，但非直线系数大。

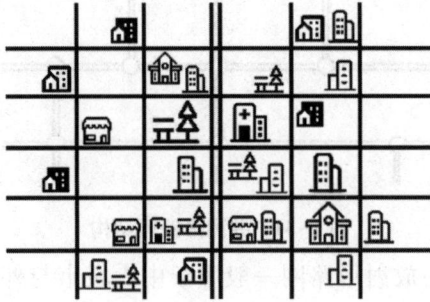

图 2-37　方格形路网结构

（2）带形路网。带形路网可使建筑物沿着建筑轴线两侧铺开，公共交通布置在干道范围内，横向道路出行主要靠步行或骑车，但易造成纵向干道交通压力过大。

图 2-38　带形路网结构

（3）放射形路网。放射形路网一般是从市中心向外辐射，城市沿对外交通干线两侧发展，从而缩短外围到市中心的距离，但会导致市中心交通压力过大，且外围区域相互联系不便，过境交通无法分流。

图 2-39　放射形路网结构

（4）环形路网。环形路网具有通达性好的优势，而且有利于城市扩展，也有利于交通分流，适用于较大城市，但不宜将过多的放射线引向市中心，以免市中心交通压力过大。

图 2-40　环形路网结构

2.3　视距

视距是指在车辆行驶过程中，驾驶人能够清晰看到道路前方障碍物、车辆、行人、交通设施等人或物的最远距离。在道路设计、交通设计或隐患排查工作中，视距条件是必须关注的问题，直接影响交通事故率。

2.3.1　视点与目标物

在视距设计中，先要明确驾驶人视点高度与目标物高度两个概念，以此作为计算视距值的基础参数，如图 2-41 所示。

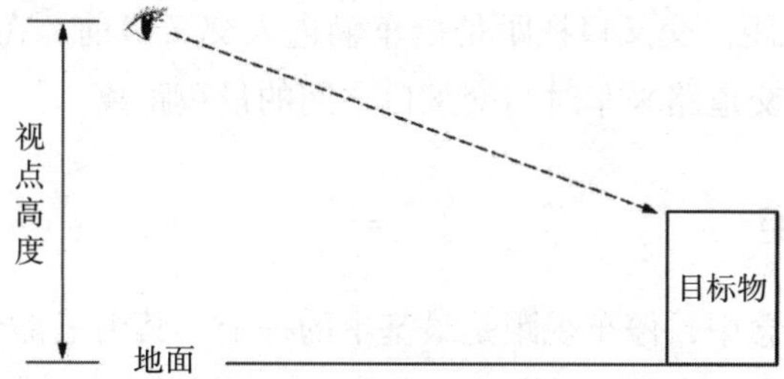

图 2-41　视点与目标物示意

驾驶人视点高度是指驾驶人的眼睛到地面的垂直距离。小型客车驾驶人的视点高度为 1~1.2m；大型车辆驾驶人的视点高度为 2~2.4m。

目标物高度是指驾驶人能够清晰看到的前方目标物的高度。目标物有可能是障碍物、车辆、行人、交通标志、信号灯等，也可能是交通标线、路缘石等视觉参照物。例如，交通标线的高度约为 0m；路缘石高度多为 15cm 左右；小型客车车灯高度约为 60cm。

2.3.2 视距分类

按照功能不同，可将视距分为以下三种类型。

（1）驾驶视距。驾驶视距是指驾驶人能够达到的实际视距值。

（2）规定视距。规定视距是指为了能在道路设计阶段充分保障安全驾驶条件，相关的法律、法规、规章、标准等规定的最小视距值。

（3）设计视距。设计视距是指在道路设计中，为了满足工程技术要求选定的预设视距值。

按照场景不同，可将视距分为以下多种类型。

（1）停车视距。停车视距是指在车辆行驶过程中，驾驶人发现道路前方有障碍物后经辨别、反应、制动等阶段到车辆完全停下来所需的最短距离。

（2）会车视距。会车视距是指在同一车道上，为避免相向而行的两辆车相撞，两车驾驶人经辨别、反应、制动等阶段到双双停下来所需的最短距离，通常取停车视距的两倍。

（3）超车视距。超车视距是指在超车过程中，后车从开始驶离原车道起至可见对向来车并能超车后安全驶回原车道所需的最短距离。

（4）应变视距。应变视距是指在车辆行驶过程中，一旦遇到特别状况，驾驶人仍能通过变速、变道、制动等操作完成安全驾驶所需的最短距离。

（5）交叉口视距。交叉口视距是指车辆进入交叉口前，在最不利的情况下，驾驶人能够看清相交道路来车时与交叉口之间的最短距离。

2.3.3 停车视距

在各种视距概念中，停车视距是最基本的一个，其由三部分构成：一是辨别距离；二是反应距离；三是制动距离。如图 2-42 所示。

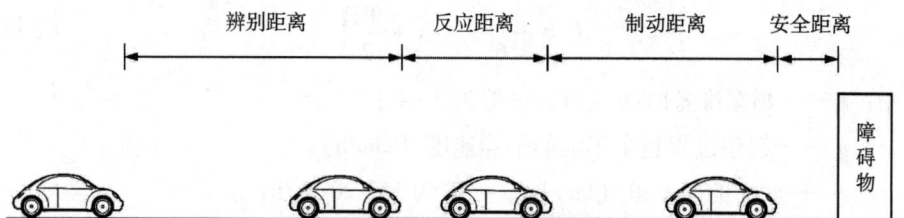

图 2-42　停车视距构成示意

（1）辨别距离：驾驶人辨别过程车辆行驶的距离称为辨别距离，其由辨别时间与车速决定。不同驾驶人的辨别时间存在差别，且受到年龄、性别、视觉等因素影响，一般为 1.5s 左右。

（2）反应距离：驾驶人反应过程车辆行驶的距离称为反应距离，其由反应时间与车速决定。不同驾驶人的反应时间存在差别，且受到年龄、性别、活动力等因素影响，一般为 0.4~0.7s。

（3）制动距离：车辆从制动系统开始起作用到其完全停止所需的距离称为制动距离。制动距离的计算公式为

$$l = \frac{v^2}{254(\varphi \pm i)} \tag{2-1}$$

式中：v——初始车速（km/h）；

　　　i——道路纵坡度（%），上坡为正，下坡为负；

　　　φ——轮胎与地面间的摩擦系数。

在交通设计中，为确保设计停车视距大于理论停车视距，二者间应留有一定的安全距离。安全距离的大小要视具体情况而定，一般为 10~20m。

2.3.4　超车视距

在交通行为中，"超车"有两种含义：一是同一行驶方向的两辆车，后车利用更快的速度超越前车的驾驶过程，也是大众普遍认知的情形；二是同向行驶的后车超越前车后又快速返回原车道的情形，一般特指单向一车道的道路。超车视距讨论的范畴显然属于后者。

如图 2-43 所示，超车视距由以下三段距离构成：

（1）起超距离：车辆开始加速超车到与被超车辆几乎平行时所行驶的距离。起超距离的计算公式为

$$d_1 = \frac{t_1}{3.6}\left(v_1 - s + \frac{at_1}{2}\right) \tag{2-2}$$

式中：t_1——超车准备时间（s），一般为 3~4s；

　　　v_1——起超过程超车车辆的平均速度（km/h）；

　　　s——两车的速度差（km/h），一般为 15~20km/h；

　　　a——超车车辆的平均加速度（km/h·s），一般为 2.25~2.37km/h·s。

（2）并超距离：车辆占用对向车道超越被超车辆后返回原车道的距离。并超距离的计算公式为

$$d_2 = \frac{v_2 t_2}{3.6} \tag{2-3}$$

式中：t_2——并超过程超车车辆花费的时间（s），一般为 9~10s；

　　　v_2——并超过程超车车辆的行驶速度（km/h）。

（3）对冲距离：在并超过程中，即 t_2 时段内，对向车道来车行驶的距离。对冲距离的计算公式为

$$d_3 = v_3 t_2 \tag{2-4}$$

式中：v_3——并超过程对向车道来车的行驶速度（km/h）。

在交通设计中，为确保设计超车视距大于理论超车视距，二者间应留有一定的安全距离。安全距离的大小要视具体情况而定，一般为 30~50m。

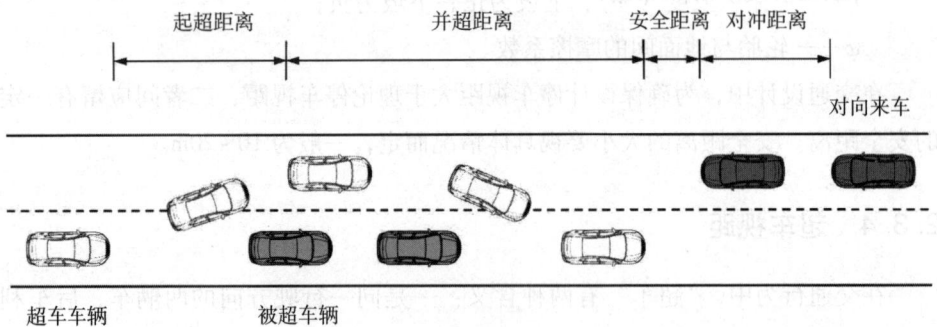

图 2-43　超车视距构成

2.3.5　交叉口视距

为了保障交叉口的行车安全，驾驶人驾驶车辆进入交叉口前的一段距离内应能清晰看到相交道路的来车情况，以便及时采取安全驾驶措施。不难发现，此段

距离的最小值正是停车视距。如图 2-44 所示，交叉口相交道路的两个停车视距可以形成一个三角形区域，称为"视距三角形"。一般要求，视距三角形内不能有遮挡驾驶人视线的障碍物。

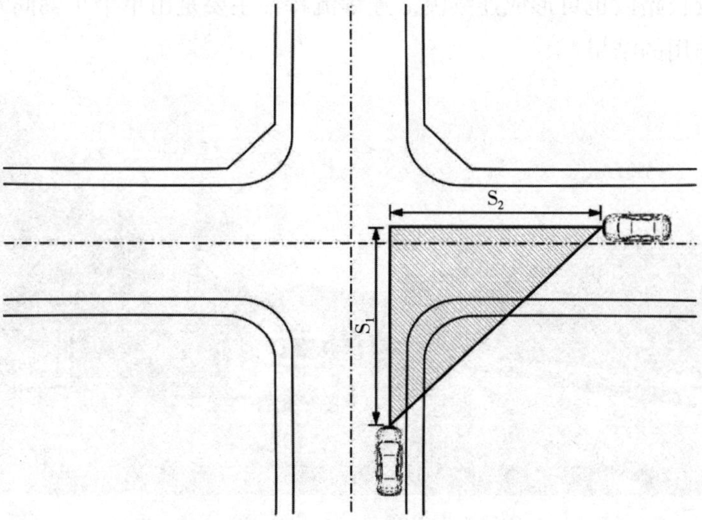

图 2-44　交叉口视距三角形示意

视距三角形的绘制步骤如下：

（1）按照 2.3.3 节的方法计算停车视距；

（2）找到相交车流的冲突点；

（3）从冲突点开始，分别沿着两条行车轨迹线量取相应的停车视距，并将尾端相连接，即形成一个视距三角形。

2.4　交通流特性

交通流特性是指人或车形成的交通流所反映出来的整体运行特点与规律性，本节重点考虑机动车流。为了便于调查、分析、研究交通流特性，须定义一些交通流参数，也就是将交通流特性定量化。通过分析交通流特性，有助于了解道路交通的运行状态，进而制定合理的道路交通管理方案。

2.4.1　交通流分类

考虑不同类型道路交通流运行的连续性，可将交通流分为连续流与间断流。

　　连续流主要存在于高速公路、一级公路、快速路等无外部因素导致交通流频繁中断的道路路段。如图2-45所示为高速公路交通流的运行实况。外部因素包括平面交叉口、铁路道口、让行标志、信号灯、过街设施、停靠站等。二级及以下公路的较长路段也可形成连续流。连续流特性主要是由单个车辆间及与道路线形间相互作用的结果。

图2-45　高速公路交通流

　　间断流主要存在于城市主干路、次干路、支路及低等级公路等外部因素干扰较大的道路。如图2-46所示为城市干路交通流运行实况。间断流特性主要是由道路设施、交通设施等对交通流作用的结果，特别是受交通信号的周期性干扰明显，同时也受到路域环境的影响。在某些条件下，间断流也会暂时形成连续流，如信号灯"绿灯"亮起的时候。可见，连续流特性是间断流特性的研究基础。

图2-46　城市干路交通流

2.4.2　交通流参数

交通管理领域涉及的交通流参数较多，包括流量、速度、密度、延误、通行能力、流率、行程时间、车头时距、排队长度等。

2.4.2.1　流量

流量也称交通量，是指在单位时间（通常为 1h）内，通过道路或车道某一测量点车辆的总数。流量的单位为辆/h。

车流量可依交通构成细分为小型客车、大型客车、大型货车、非机动车等各车型的流量，也可根据换算系数转化为当量车流量。当量车流量的单位为 pcu/h。

一般而言，每天 24h 的流量不尽相同，甚至差别很大。在交通管理领域中，高峰小时流量最重要。

类似于高峰小时流量的作用，为表达更短时间长度的短时交通需求，流率的概念应运而生。流率是指在小于 1h 的时间间隔（通常为 15min）内，通过道路或车道某一测量点的等值小时流量。

2.4.2.2　速度

在交通管理领域中，速度具有极其重要的地位，也是影响交通安全、效率及环境的核心要素。交通管理领域涉及的速度概念较多，此处只介绍最常用的几个概念。速度的单位为 km/h 或 m/s。

（1）地点速度。地点速度是指车辆通过某一地点的"瞬时"速度，一般选取 20~50m 的区间进行测量。

（2）行驶速度。行驶速度利用车辆经过的区间长度除以行驶时间（不含停车时间）求得。

（3）行程速度。行程速度又称区间速度，利用车辆经过的区间长度除以行程时间（包含停车时间）求得。

（4）设计速度。设计速度要在道路规划设计阶段选定，是为道路几何设计（涉道路线形、视距、路侧净空等）而选取的速度参照值。

（5）限制速度。限制速度是指在道路特定路段允许机动车行驶的最高速度或最低速度。

（6）运行速度。运行速度要在道路完工通车后才能获得，是指驾驶人面对当时的道路条件与路域环境，凭借自身经验自行选择操控车辆所能保持的安全速度，通常采用调查样本数据的第85%位速度，也常被用作限制速度。

（7）平均速度。在交通管理领域中，多辆车的平均速度才是关注的重点。常用的平均速度有时间平均速度、空间平均速度等。时间平均速度是指在一定时间内，通过道路某断面全部车辆地点速度的算术平均值。空间平均速度是指在某特定时刻行驶于道路某区段全部车辆地点速度的算术平均值。在给定的时间内，调查者将会看到更多速度较高的车辆，所以时间平均速度略大于空间平均速度，通常高出 3%左右。

2.4.2.3　密度

交通密度是指任意时刻一条车道上单位长度的车辆数。密度的单位为辆/km。可见，密度表示车辆的空间密集程度，密度越大，密集程度越高，前后车辆之间的距离越小，车辆运行速度越小。

在交通调查中，由于密度一般针对较长路段观测才能获得，所以对其调查的难度较大。尽管随着卫星遥感、无人机等新兴技术的发展，获得实时的密度数据已经成为可能，但受调查成本、续航时间等因素影响，短期内难以大范围应用。常用的解决办法是利用时间占有率、平均车头时距等较易获得的参数取代密度。

时间占有率是指在一定观测时段内，车辆通过车道某一断面的时间累计值占观测时段总长的百分率。

平均车头时距是指在一定观测时段内，同向行驶的车队通过车道某一断面时相邻两车间时间间隔的平均值。

2.4.2.4　延误

延误是指车辆由于交通管制、道路条件、车流密度等因素影响而造成的行驶时间损失。延误的单位为 s 或 min。

（1）控制延误。控制延误是指车辆由于信号灯、让行标志等交通控制设施引起的延误，包括车辆到达交叉口前减速、在交叉口位置停车、排队缓慢移动及加速到预期速度所导致的全部时间损失。

（2）几何延误。几何延误是指车辆受道路几何特征限制降低行驶速度而造成的延误，如车辆行经弯道、坡道、环岛等情形。

（3）交通延误。交通延误是指由于车辆间相互制约导致驾驶人降低行驶速度而造成的延误。

（4）事件延误。事件延误是指车辆受交通事故、特殊天气、车辆抛锚、货物散落等事件影响而造成的延误。

2.4.2.5　通行能力

通行能力是指在单位时间内，道路某断面、某路段或某区域所能通行的最大车辆数，也就是最大交通量。通行能力的单位为辆/h 或 pcu/h。常用的通行能力包括 4 种类型，即基本通行能力、修正通行能力、实际通行能力及设计通行能力。

（1）基本通行能力。基本通行能力是指在理想的道路、交通、管控及环境条件下，道路所能通行的最大交通量。基本通行能力被视为基准值。

（2）修正通行能力。修正通行能力是指考虑车道宽度、侧向净宽、交通构成、横向干扰等因素后对基本通行能力的修正值。

（3）实际通行能力。实际通行能力是指在实际的道路、交通、管控及环境条件下，道路所能通行的最大交通量。

（4）设计通行能力。设计通行能力是指在道路设计过程中，针对选定的设计服务水平，在理想的道路、交通、管控及环境条件下，道路所能通行的最大交通量。

在上述 4 种道路通行能力中，前 3 种可用于既有道路通行能力分析，第 4 种只用于道路的规划设计。在通常情况下，基本通行能力大于修正通行能力，修正通行能力大于实际通行能力。另外，在道路设计时，出于对道路建设经济指标的考量，一般针对稳定流选定设计服务水平，进而确定道路设计通行能力。因此，实际通行能力大于设计通行能力。

在了解通行能力的概念后，还可以得到一个重要的交通流参数——饱和度。饱和度，具体是指一条道路的实际流量与其设计通行能力的比值。由于实际流量可能超过设计通行能力，所以饱和度可以大于 1，此时交通状态达到过饱和水平。

2.4.3　服务水平

道路服务水平是指道路使用者对道路服务质量的感受，其对道路规划、道路设计及交通管理工作均有重要作用。

美国将道路服务水平分为 6 个等级，即 A 级、B 级、C 级、D 级、E 级、F

级，其中 A 级最佳，F 级最差。我国则将道路服务水平分为 4 个等级，即一级、二级、三级、四级，其中一级最佳，四级最差。在我国的分级中，一级相当于 A、B 级；二级相当于 C 级；三级相当于 D 级；四级相当于 E、F 级。

将服务水平进行分级，原因主要有二：一是便于道路交通管理部门的决策者快速制定决策方案；二是便于道路使用者直观反馈交通出行感受。

（1）A 级：自由流。车辆的运行不受其他车辆的影响，但受道路几何结构限制；驾驶人有很高的自由度，如加减速、变换车道等；驾驶人的驾驶负荷极低，可根据自我意志选择行驶速度；道路使用者出行的舒适感最佳。

（2）B 级：稳定流。车辆的运行开始受到其他车辆的影响，但影响较小；驾驶人有较高的自由度；驾驶人的驾驶负荷较低；道路使用者出行的舒适感较好。

（3）C 级：稳定流。个别车辆的运行明显受到其他车辆的影响；驾驶人必须谨慎选择行驶速度；驾驶人完成驾驶任务的困难度明显提升；道路使用者出行的舒适感明显下降。

（4）D 级：稳定流。多数车辆的运行明显受到其他车辆的影响；驾驶人必须谨慎完成驾驶操作；驾驶人的驾驶负荷较高；道路使用者开始感到不舒适。

（5）E 级：不稳定流。车流量接近道路通行能力；车辆间相互制约度较高；车辆行驶速度明显降低，相邻车辆的速度差较小；车辆只能跟随车队行驶，变换车道难度大；道路使用者感到很不舒适。

（6）F 级：强制流。交通流达到过饱和状态；车辆排队缓慢前进，甚至走走停停；驾驶人几乎无自由选择的空间，处于"被强制"状态；道路使用者已无舒适感可言。

表 2-5　各级道路服务水平对比

服务水平等级	交通流状态	车辆间影响	行车速度	行车舒适度
A	自由流	小	高	好
B	稳定流			
C	稳定流			
D	稳定流	↓	↓	↓
E	不稳定流			
F	强制流	大	低	差

2.4.4　连续流特性

2.4.4.1　三参数总体关系

对于连续流交通设施的均匀区段，在足够长的统计时间段内，流量、速度及密度三个基本交通参数之间的关系为

$$Q = VK \tag{2-5}$$

式中：Q——流量（辆/h）；

　　　V——空间平均速度的平均值（km/h）；

　　　K——交通密度的平均值（辆/km）。

流量、速度及密度之间的数学关系可用三维曲面表示，如图 2-47 所示。

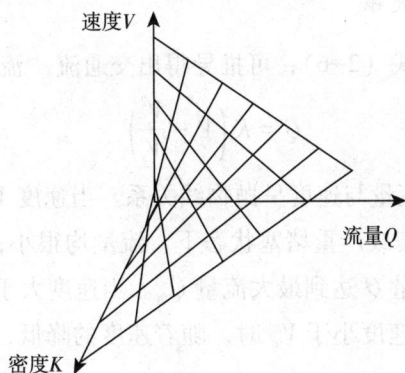

图 2-47　连续流交通参数总体关系

2.4.4.2　速度与密度关系

1933 年，格林希尔治（Green Shields）提出的交通流"速度-密度"线性关系为

$$V = V_f \left(1 - \frac{K}{K_j} \right) \tag{2-6}$$

式中：V_f——自由流速度（km/h）；

　　　K_j——阻塞密度（辆/km）。

如图 2-48 所示，当密度 K 为 0 时，速度 V 为 V_f，表示在密度很小的情况下，

车辆可按照自由流速度行驶；当 K 为 K_j 时，速度 V 为 0，表示在密度很大的情况下，车辆行驶速度很低。

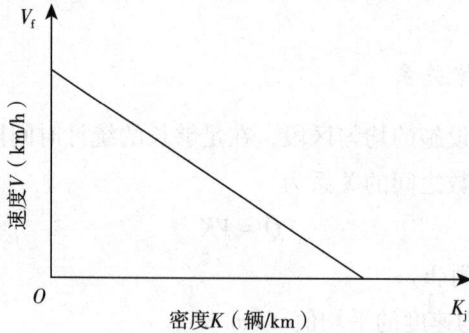

图 2-48　连续流"速度-密度"关系

2.4.4.3　流量与速度关系

根据式（2-5）与式（2-6），可推导得出交通流"流量-速度"的关系为

$$Q = K_j \left(V - \frac{V^2}{V_f} \right) \tag{2-7}$$

如图 2-49 所示，流量与速度呈抛物线关系。当速度 V 为 V_f 或 0 时，流量 Q 为 0，表示在自由流状态或严重堵塞状态下，流量均很小；当速度 V 为临界速度 V_m（$V_m = V_f/2$）时，流量 Q 达到最大流量 Q_m。当速度大于 V_m 时，随着速度的降低，流量逐渐增大；当速度小于 V_m 时，随着速度的降低，流量逐渐减小。

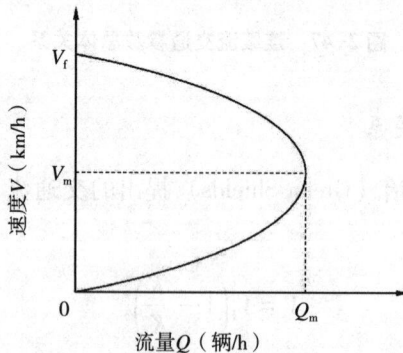

图 2-49　连续流"流量-速度"关系

2.4.4.4　流量与密度关系

同理，可推导得出交通流"流量-密度"的关系为

$$Q = V_f \left(K - \frac{K^2}{K_j} \right) \tag{2-8}$$

如图 2-50 所示，流量与密度呈抛物线关系。当密度 K 为 0 或 K_j 时，流量 Q 为 0，表示在自由流状态或严重堵塞状态下，流量均很小；当密度 K 为临界密度 K_m（$K_m = K_j/2$）时，流量 Q 达到最大流量 Q_m。当密度小于 K_m 时，随着密度的提高，流量逐渐增大；当密度大于 K_m 时，随着密度的提高，流量逐渐减小。

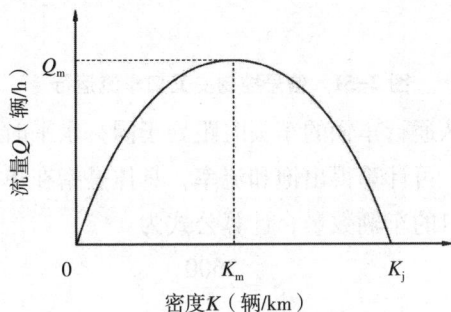

图 2-50　连续流"流量-密度"关系

2.4.5　间断流特性

2.4.5.1　信号灯处车流特性

交通信号灯是形成间断交通流的主要因素。交通流在信号灯位置受到周期性打断后再继续运行。

利用车头时距理解信号控制交叉口的车流运行特征是个不错的选择。如图 2-51 所示，当任意进口道的绿灯亮起后，排队车辆开始陆续进入交叉口。绿灯信号亮起开始到首辆车前保险杠经过停止线的时间计为第一个车头时距；首辆车与第二辆车各自前保险杠经过停止线的时间之差计为第二个车头时距。依此类推，可以得到后续多个车头时距。

由于第二辆车驾驶人对绿灯的反应时间与首辆车驾驶人的反应时间有重叠，所以第二个车头时距一般会小于第一个车头时距。依此类推，后续各辆车的车头

时距均会略小于前辆车的车头时距，但其差距逐渐缩小，通常从第 4~6 辆车开始后续车头时距处于同一水平。

$$
车辆排队序号 \left\{ \begin{array}{ll} 1 & t_1 - t_0 \\ 2 & t_2 - t_1 \\ 3 & t_3 - t_2 \\ \cdots & \\ n & t_n - t_{n-1} \\ \cdots & \end{array} \right\} 车头时距
$$

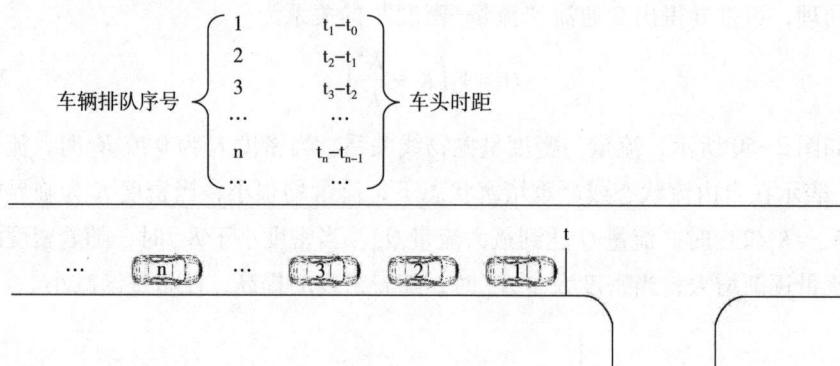

图 2-51 信号控制交叉口车流运行

如前所述，当排队通行车辆的车头时距处于同一水平时，此车头时距被称为饱和车头时距。据此，可计算得出饱和流率，具体是指在单个车道上，单位时间以饱和状态进入交叉口的车辆数量，计算公式为

$$S = \frac{3600}{h} \tag{2-9}$$

式中：S——饱和流率（辆/h）；

h——饱和车头时距（s）。

然而，信号控制交叉口车流总会受到配时方案的周期性阻隔，所以饱和流率的计算应是基于"可用时间"，其中不包括红灯时间、损失时间等。因此，信号控制交叉口车道通行能力需要基于饱和流率、损失时间、信号配时等参数获得。

2.4.5.2 让行标志处车流特性

在无信号控制交叉口，车辆一旦遇到让行标志，驾驶人则需要根据情况进行减速或停车，从而导致车流形成间断流。此时，间断流的运行主要是受到主车流方向（非让行方向）可穿越间隙的影响。

可穿越间隙是指车辆将要穿越非让行方向连续车流时其到达时间与被穿越车流下一辆车到达的时间间隔。驾驶人对某条道路可穿越间隙通过性的判断取决于道路宽度、车道数量、行车速度、视距条件、等待时间及驾驶人特点等。

与连续流一般采用速度、密度等基本交通参数表征服务水平不同，信号灯处间断流通常采用饱和度表征服务水平，让行标志处间断流通常采用延误表征服务水平。

课后作业

1. 利用人因理论分析交通事故成因。
2. 从道路网角度分析交通拥堵成因。
3. 通过交通流特性分析交通需求管理目标。

第3章 交通数据调查

交通调查是对特定地区、道路或点位的交通流状况进行观测与分析的活动。交通调查的目的在于掌握交通流运行的特点、规律及其存在的问题，为管理部门提供决策依据。本章的主要内容包括交通量调查、行车速度调查、交通密度调查、起讫点调查及交叉口运行调查。

随着智能交通系统的发展，很多城市正在陆续开展交通信息自动采集设备建设，使交通管理部门获得长时间、大范围的实时交通数据成为现实。交通数据自动采集技术主要包括线圈、地磁、雷达（毫米波、超声波、激光等）、视频、红外、RFID 等。本书不详细介绍交通信息自动采集技术，只限于较短时间、较小范围的临时性、补充性交通数据调查。

3.1 交通量调查

交通量调查的目的在于获得交通量在时间或空间上的分布规律，从而可以供交通规划、道路设计、交通设计、设施建设、交通管理等各业务流程使用，还可以通过交通预测模型推演交通流未来的发展趋势。

3.1.1 调查类型

按照数据调查的时间尺度不同，交通量调查可分为以下几种：

（1）年交通量调查。年交通量是指一年内道路某一地点的交通量，常被用来评估交通设施的使用效率或运营效益。

（2）日均交通量调查。日均交通量是指一年内、一个月内或一周内道路某一地点的日平均交通量，常被用来评价现状道路系统的供需适应性。

（3）小时交通量调查。小时交通量是指某一小时内道路某一地点的交通量，可被用来分析交通流的日常变化规律。

（4）短时交通量调查。短时交通量是指某一较短时段（不足 1 个小时）内道路某一地点的交通量，常被转化为 35 小时交通量使用，如 2.4.2 节所述的"流率"，可用来评价道路通行能力的适应性。

按照数据调查的空间范围不同，交通量调查可分为：

（1）道路交通量调查。道路交通量是指道路上具有代表性地点的双向交通量，可被作为道路改扩建工程设计、道路交通安全评价等工作的主要依据。

（2）单向交通量调查。单向交通量的统计需要区分上下行方向，可被作为潮汐车道、单行路、公交专用道等设计的主要依据。

（3）分流向调查。交叉口位置的交通量通常需要分流向统计，统计结果可以作为交叉口改造、交叉口渠化、信号配时等工作的主要依据。

（4）边界交通量调查。边界交通量是指特定区域（商业区、工业区、居民区等）边界线上进出通道的交通量，可被作为出行 OD 调查、区域交通组织、控制策略制定等工作的重要依据。

按照数据调查的对象不同，交通量调查可分为：

（1）分车种调查。在交通管理中，很多时候需要分车种统计交通量，统计结果可作为道路设计、速度管理、安全评价等工作的主要依据。

（2）客运量调查。在交通管理中，客运量调查的目的主要是了解某个地区或某条线路的乘客数量，以便掌握人们的出行需求，评价道路的利用率，进而制定更加有效的交通拥堵治理政策或措施。

（3）行人交通量调查。在交通管理中，行人作为重要的管理对象，很多时候有必要对其交通量进行统计，统计结果可以作为行人过街设施设计、行人过街信号配时、行人安全风险评估等工作的重要依据。

3.1.2 调查时间

对于年交通量的调查，由于调查时间偏长，通常需要借助自动化调查手段，如共享 ETC 收费系统数据。

对于日均交通量的调查，可根据调查目的进行部分日期的抽样调查。例如，对于年均日交通量，可在每个季度抽取 1 个月；对于周均日交通量，可在工作日抽取 2~3 天，并在非工作日抽取 1 天。

对于小时交通量的调查，可根据调查目的合理选择调查时间段。例如，对于连续 16 小时的调查，可选择早上 5 时至晚上 9 时；对于连续 12 小时的调查，可选择早上 7 时至晚上 7 时；对于连续 8 小时的调查，应涵盖高峰时段。

对于短时交通量的调查，根据调查目的一般选择 3min、5min、10min 或 15min 统计车辆数。选择时间尺度越小，反映交通量的波动越清晰，但调查工作量越大。

3.1.3 调查方法

交通量调查方法的选择取决于调查目的、经费投入、技术条件等因素，主要有全人工计数、机械计数、录像后计数、无人机航拍等方式。

3.1.3.1 全人工计数

全人工计数是最传统的一种交通量调查方法，一般 1 个或几个人在调查地点即可进行操作，只需笔、记录表、计时器、记录板等工具，见图 3-1。对于单向交通量调查，一般需 1 名调查人员即可，但对于双向交通量或分流向、分车种等较复杂的调查，则要视车头时距、行车速度、视线条件等具体情况，适当增加调查人手。在调查过程中，调查人员一般通过写"正"字完成车辆的记录。

图 3-1　全人工调查交通量现场

此方法简单易行、变通灵活、节约成本，但人力需求大、劳动强度大，而且调查结果的可靠性严重依赖调查人员的专业性与责任心。

3.1.3.2　机械计数

机械计数装置目前国内使用不多，一般是由检测器与计数器两部分组成，见图 3-2。其中，车辆检测器多为便携式的空心橡皮软管，使用时应与车辆行驶方向垂直放置于路面。软管一端连接放置于路侧的计数器，另一端应密封处理。车辆通过时将产生空气压力脉冲，从而可以自动进行交通量计数。

图 3-2　交通量机械计数装置

相比全人工计数，此方法人力需求较小、劳动强度较小、数据质量的稳定性更高，但此方法需要用到专业设备，所以实施成本较高，同时对分流向、分车种等较复杂调查需求的适应性差。

3.1.3.3　录像后计数

针对全人工计数方法的部分缺点，可利用录像设备将调查现场的交通流运行情况录制下来，见图 3-3。录像后计数方法关键是要找到合适的录像位置，特别是对多车道调查、分流向调查等易遮挡视线的情况。

图 3-3　交通量录像调查现场

相比全人工计数，录像后计数方法外场人力需求较小、劳动强度较小，可以获得更加完整的调查资料，而且资料可长期、反复使用，但此方法的内业工作量较大，同时外场与内业的工作时间总量较长。

3.1.3.4　无人机航拍

与录像后计数方法类似，随着无人机技术的快速发展，通过无人机航拍获得短时交通量数据已经成为一种更好的选择，见图 3-4。在调查过程中，重点需要做好无人机起降位置、飞行高度、飞行路线及拍摄角度的选择。

图 3-4　无人机航拍交通量

相比录像后计数方法，无人机航拍方法的录像范围更大、角度更佳，而且可完成线性交通数据的调查，但无人机的价格较高，同时目前合法飞行无人机的手续办理比较烦琐，另外还存在续航时间、飞行安全等方面的问题，不过通过无人机调查中短时长的交通量将是未来的发展趋势。

3.1.4 统计分析

利用各种调查方式获得的交通量数据通常具有不同的表现形式。在按照实际需求应用数据前，应对其进行必要的统计分析，并以表格或图形的形式进行展现或存储。

3.1.4.1 数据统计

单向交通量的调查结果可按表 3-1 所示的样式进行整理。交叉口 1 个进口分流向调查的交通量可按表 3-2 所示的样式进行整理。在交通管理中，应针对不同的调查目的、调查类型及调查方式设计更为合适的整理表。

表 3-1 单向交通量调查整理表

时段	车型					合计
	小型客车	小型货车	大型客车	大型货车	…	
小计						

表 3-2 进口交通量调查整理表

时段	右转			直行			左转			合计
	大型	小型	…	大型	小型	…	大型	小型	…	

续表

时段	右转			直行			左转			合计
	大型	小型	…	大型	小型	…	大型	小型	…	
小计										

3.1.4.2 初步分析

交通量调查结果的初步分析通常是从时间上分析数据的变化规律，或从空间上分析数据的分布特征。

（1）时间变化。交通量数据的时间变化主要有月变化、日变化及时变化。其中，月变化可以反映交通量一年 12 个月的变化规律，如图 3-5 所示；日变化可反映交通量一周 7 天的变化规律，如图 3-6 所示；时变化可反映交通量一天 24 小时的变化规律，如图 3-7 所示。

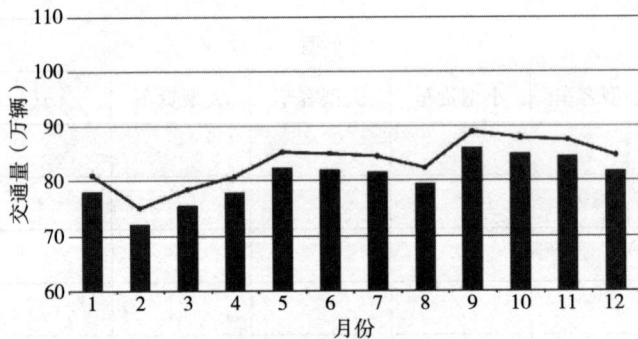

图 3-5　交通量月变化

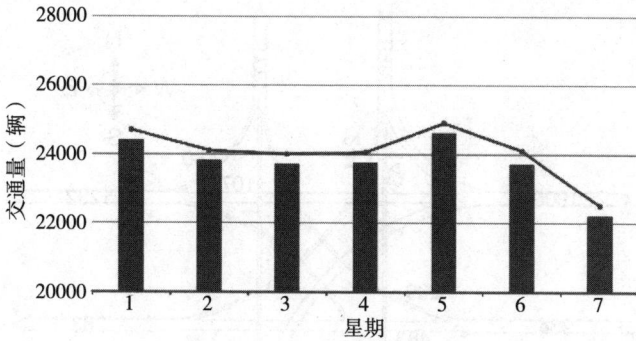

图 3-6　交通量日变化

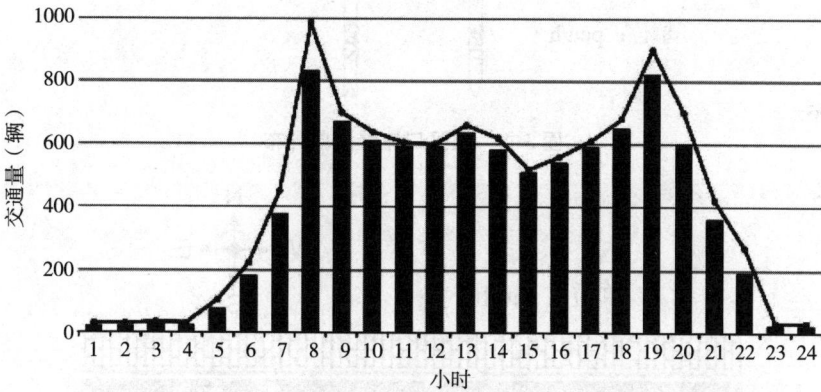

图 3-7　交通量时变化

（2）空间分布。交通量数据的空间分布包括交叉口分布、路段分布、出入分布、路网分布等。交叉口分布反映各进出口各个流向的交通量大小，如图 3-8所示；路段分布反映道路两个方向的交通量大小，如图 3-9 所示；出入分布反映局部区域进出的交通量大小，如图 3-10 所示；路网分布反映道路网中各条道路的交通量大小，如图 3-11 所示。

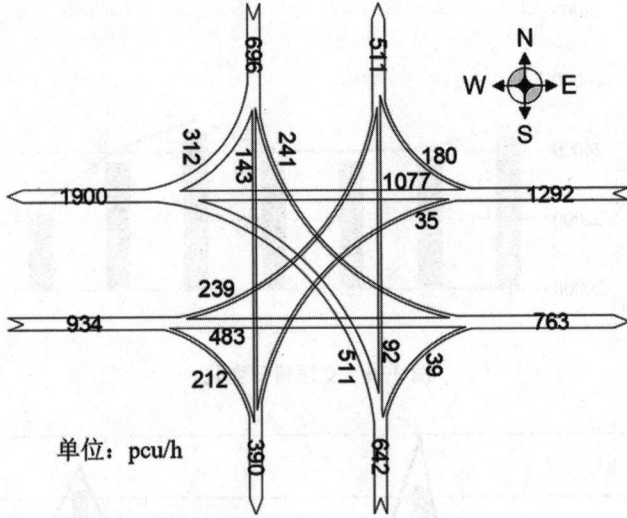

单位：pcu/h

图 3-8　交叉口流量流向分布

单位：pcu/h

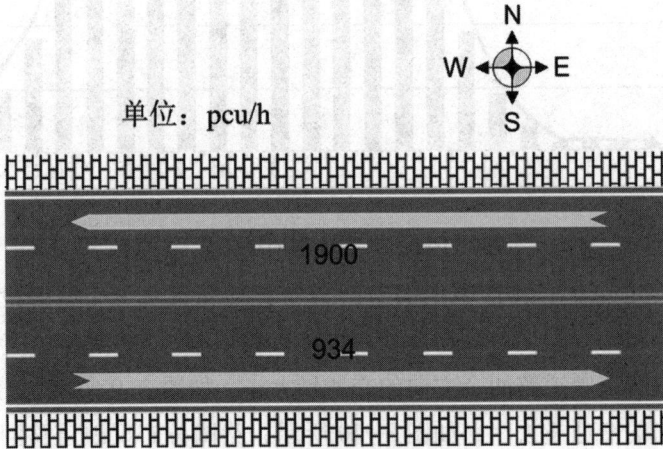

图 3-9　路段双向流量分布

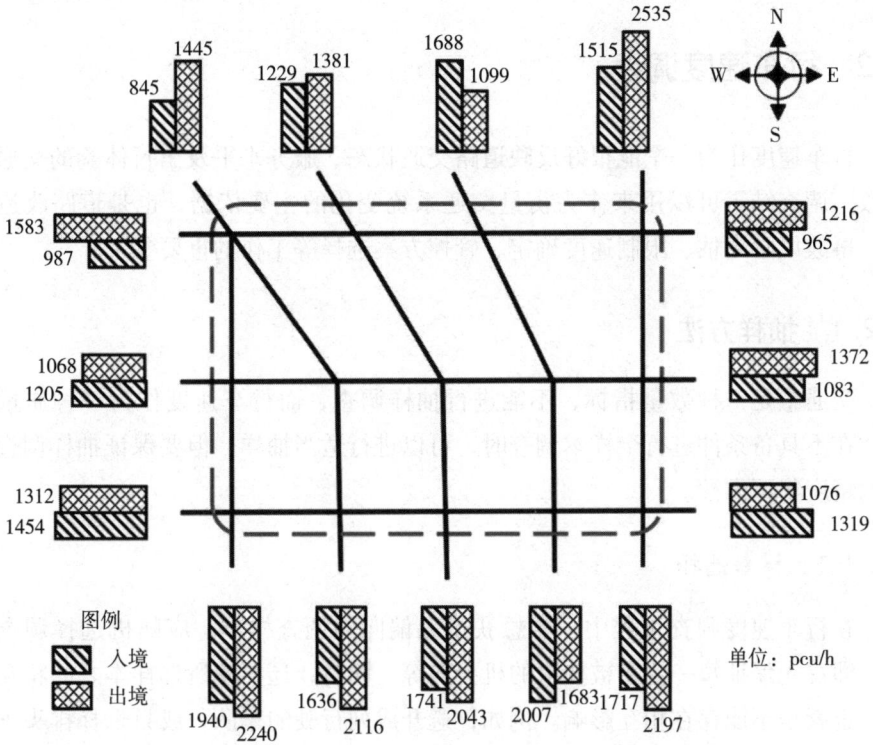

图 3-10 区域出入流量分布

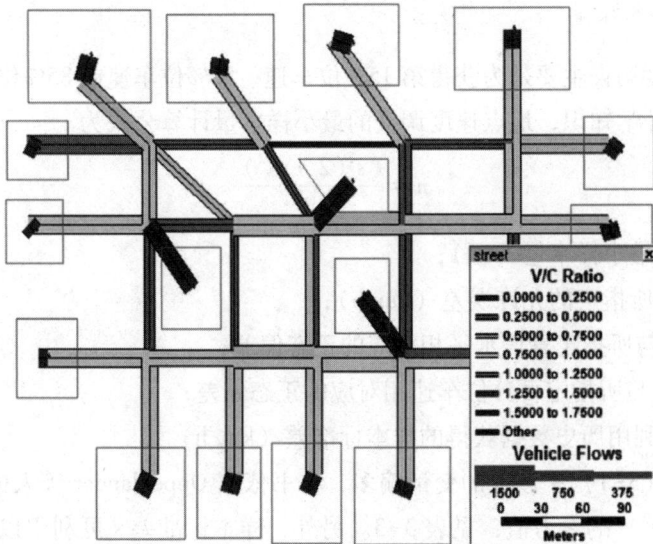

图 3-11 TransCAD 版路网流量分布

3.2 行车速度调查

行车速度作为一个能很好反映道路交通状态、服务水平及出行体验的交通流参数，调查结果可以用来作为衡量交通系统变化的主要依据，也是道路改造设计、事故风险评估、限制速度确定、管控方案选择等工作的重要参考。

3.2.1 抽样方法

交通量是一种数量指标，不能进行抽样调查，而行车速度作为一种质量指标，在不具备条件进行全样本调查时，可以进行适当抽样，但要保证抽样调查结果的精度与可靠性。

3.2.1.1 样本选择

在行车速度调查过程中，要想获得无偏向的调查样本，应随机选择调查对象，即首先保证每一辆车被抽取的机会均等。同时，还要使所选样本之间相互独立，也就是不能存在相互影响。例如，避开成列行驶的车队，或只选择排头车辆作为调查对象。

3.2.1.2 样本容量

地点速度调查主要是为获得第 15% 位车速、50% 位车速或 85% 位车速的估计值。依据统计学知识，地点速度调查的最小样本量计算公式为

$$n = \frac{t^2 s^2 (2 + U^2)}{2d^2} \tag{3-1}$$

式中：n——最小样本量（辆）；

d——所指定的允许误差（km/h）；

t——与所指定置信水平相对应的正态偏差；

U——与所指定百分位车速相对应的正态偏差；

s——利用历史数据获得的样本标准差（km/h）。

由于式（3-1）中涉及的变量偏多，本书依据 Oppenlander 等人的研究成果，给出 $t^2 (2+U^2)$ 的参考值，见表 3-3。另外，样本标准差 s 可利用以往做过的调查数据分析得出，一般相同类型道路拥有较为稳定的车速标准差。例如，限制速

度为 80km/h 的公路，标准差 s 可取 80km/h 的 12% ~ 13%，约为 10km/h。如果只针对某一特定车型，如大型货车，则标准差 s 将会更小一些。

表 3-3　t^2（$2+U^2$）参考值

百分位车速	置信水平		
	90%	95%	99%
15%	8.3	11.8	20.5
50%	5.4	7.7	13.3
85%	8.3	11.8	20.5

对于第 85% 位车速的估计，地点速度调查的最小样本量可直接参考《道路交通标志和标线　第 5 部分：限制速度》（GB 5768.5—2017）的有关规定，见表 3-4。其中，置信水平取 98%。

表 3-4　第 85% 位车速估计最小样本量

限制速度（km/h）	40	50	60	80	90	100	110	120
最小样本量（辆）	55	65	85	110	130	155	200	275

行程速度调查主要是为获得平均车速的估计值，其对样本量的要求主要受到置信水平、精度要求、车速波动性等因素的影响。美国《交通工程调查指南》给出了置信水平为 95% 时与不同车速波动性、精度要求相对应的最小样本量，见表 3-5。

表 3-5　行程速度调查最小样本量（辆）

车速波动范围 （km/h）	允许误差（km/h）				
	±2.0	±3.5	±5.0	±6.5	±8.0
5	4	3	2	2	2
10	8	4	3	3	2
15	14	7	5	3	3
20	21	9	6	5	4
25	28	13	8	6	5
30	38	16	10	7	6

上表中的允许误差通常视车速调查目的而定，在交通规划、交通管理及交通评价工作中，建议选取的允许误差如下：

（1）对于交通规划，建议允许误差取值范围为±5.0~±8.0；

（2）对于交通管理，建议允许误差取值范围为±3.5~±6.5；

（3）对于交通评价，建议允许误差取值范围为±2.0~±5.0。

车速波动性与道路的交通条件密切相关。如果交通构成简单，车流运行稳定，则车速波动性较小。在行程速度的调查中，可利用历史数据统计车速波动范围。

3.2.2 调查方法

行车速度调查方法的选择也取决于调查目的、经费投入、技术条件等因素，主要包括全人工计速、录像后计速、路侧设备测速、车载设备测速等方式。

3.2.2.1 全人工计速

对于地点速度的调查，可在调查位置选定一小段区间，区间长度 s 应视限制速度而定，一般为 20~50m，并在其两端做好标记。调查人员使用秒表测定车辆经过区间两端的时刻，再将记录表填好，见表3-6。

此方法最大的优点是操作简单，但是劳动强度较大，而且人工判断车辆经过端点标记的时刻难以保障调查结果的精确度。

表3-6 地点速度调查记录表

日期_____   天气_____   地点_____   时段_____   人员_____

车辆类型	t_1	t_2	$\Delta t = t_2 - t_1$	$v = \dfrac{s}{\Delta t}$

对于行程速度的调查，可在调查区间的起终点分别布置调查人员，记录通过起终点的车辆类型、车牌号码及通过时刻。如果现场观测时间不充裕，也可记录车牌号码的后三位。现场调查完成后将起终点记录的车牌号码进行比对，选出相同车牌的观测记录，再利用区间长度 L 即可算出行程速度，见表 3-7。

此方法简单易行，但劳动强度较大，而且由于车辆中途离开、车辆相互遮挡、调查人员漏记等情况，造成大量无效工作。

表 3-7　行程速度调查记录表

日期＿＿＿＿＿　　　天气＿＿＿＿＿　　　地点＿＿＿＿＿　　　时段＿＿＿＿＿　　　人员＿＿＿＿＿

车辆类型	车牌号码	T_1	T_2	$\Delta T = T_2 - T_1$	$V = \dfrac{L}{\Delta T}$

3.2.2.2　录像后计速

针对全人工计速方法劳动强度大的缺点，可利用录像设备将调查现场的车辆通过情况录制下来。在调查地点速度时，录像设备应与道路保持足够的横向距离，以便能将整个调查范围录制下来；在调查行程速度时，应将录像设备放置于适当位置，保证能够清晰识别尽可能多的车牌号码。

相比全人工计速，录像后计速方法外场人力需求较小、劳动强度较小，可以获得更加完整的调查资料，而且资料可长期、反复使用，但此方法的内业工作量较大，同时外场与内业的工作时间总量较长。

3.2.2.3　路侧设备测速

对于地点速度的调查，测速枪是较常用的路侧测速设备。测速枪的使用非常简单，调查人员只需瞄准前方被测车辆启动开关，即可读出车辆的速度值，且可完成数据的自动存储，见图 3-12。

图 3-12　测速枪测速现场

此方法人力需求较小、劳动强度较小，但根据笔者的实践经验，测速枪质量参差不齐，导致所测结果的精确度存在较大差别。

测速仪也是一种常用的便携式测速设备，既可检测地点速度，也可用于行程速度的采集。测速仪通常是将雷达、光感等检测技术与视频检测技术进行集成。其中，雷达、光感等传感器负责检测地点速度，摄像机则负责记录车牌、车型等信息，并将检测数据自动存储，见图 3-13。

图 3-13　测速仪测速现场

此方法人力需求小、劳动强度小，数据质量的稳定性较高，但测速仪的价格较高，且其只能获得区间起终点的车辆运行信息，而不能提供区间内的连续信息。

3.2.2.4　车载设备测速

五轮仪是一种测量车速的专业车载设备，使用时需将其装在测试车的后面，成为测试车附加的一个轮子，因此得名五轮仪。在行车过程中，五轮仪同样进行转动，并将转动数据转化成行驶距离、行驶时间及行程速度等交通参数数据，如图 3-14 所示。加以改造的五轮仪还可按照一定的速度差（如 10km/h）进行车速分档，并输出各档车速的行驶里程及其所占比例。

图 3-14　五轮仪测速现场

车载卫星导航定位设备也可用来采集车速数据，具体利用北斗、GPS 等车载卫星导航定位系统，以秒为单位，输出测试车的位置坐标、瞬时速度、定位时刻等信息，也可计算得出行驶距离、行驶时间及行程速度等交通参数数据。基于车载卫星导航定位设备获得的地点速度数据序列如图 3-15 所示。

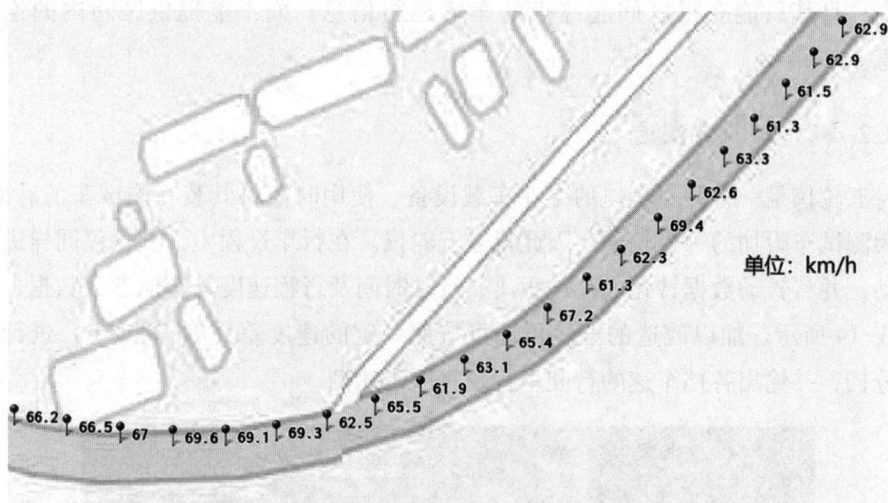

图3-15 车载卫星导航定位设备输出地点速度序列

车载设备测速方法可在一定程度上克服全人工计速、录像后计速及路侧设备测速方法的缺点，但因测试车的数量通常较少，导致车速调查结果的精度有限，一般需要测试车进行多次调查或多车调查，直到满足样本量的要求。

3.2.3 统计分析

针对不同的调查目的，行车速度的统计分析方法也不相同。针对地点速度，笔者列举第85%位车速的统计分析；针对行程速度，笔者列举交通管理措施实施效果的对比分析。

3.2.3.1 地点速度分析

对于地点速度分析一般首先制作车速频率分布表，见表3-8。

表3-8 车速频率分布表

速度分组 （km/h）	上限速度 （km/h）	速度频数	速度频率	累计频数	累计频率
30~35	35	0	0.0%	0	0.0%
35~40	40	1	0.7%	1	0.7%

续表

速度分组 （km/h）	上限速度 （km/h）	速度频数	速度频率	累计频数	累计频率
40~45	45	5	3.7%	6	4.4%
45~50	50	13	9.6%	19	14.0%
50~55	55	31	22.8%	50	36.8%
55~60	60	57	41.9%	107	78.7%
60~65	65	20	14.7%	127	93.4%
65~70	70	7	5.2%	134	98.5%
70~75	75	2	1.5%	136	100.0%
75~80	80	0	0.0%	136	100.0%

（1）速度分组：分组数量应视样本量、车速离散程度等而定，一般选择8~16组为宜。如果分组过少，则不能很好反映车速分布特征；反之，则可能出现某一分组样本量过少的情况，从而影响分析结果的可靠性。分组数量确定后计算样本车速的极差（最大值与最小值之差），再用极差除以分组数量减1的差，所得商取整后则作为速度组距。

（2）上限速度：各分组的上限速度值，也可作为各分组的特定代表值。

（3）速度频数：样本车速必定属于某一速度分组，将其全部归组后即可统计各组的频数。各组频数之和必定等于样本总量。

（4）速度频率：各组的速度频数除以样本总量即为速度频率。各组频率之和必定等于100%。

（5）累计频数：任一组的累计频数表示小于或等于此组速度的各组频数之和。最后一组的累计频数等于样本总量。

（6）累计频率：任一组的累计频率表示小于或等于此组速度的各组频率之和。最后一组的累计频率必定等于100%。

依据表3-8中第1、4列可绘制车速频率分布图，见图3-16。从图中可清晰看出车速的分布范围及其离散程度，也可以据此判断车速调查的样本质量。

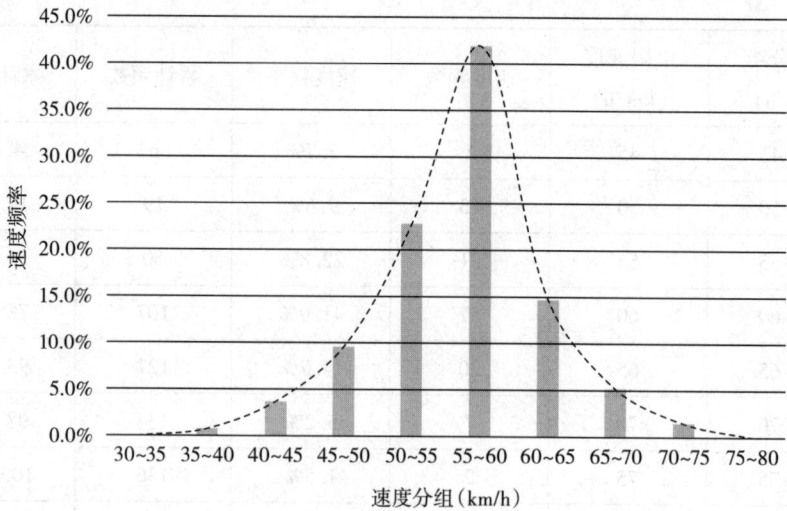

图 3-16 车速频率分布

依据表 3-8 中第 2、6 列可绘制车速累计频率分布图，见图 3-17。从图中可快速找到特征点，如第 15% 位车速、第 50% 位车速、第 85% 位车速等。其中，第 85% 位车速处在曲线的转折点附近，说明高于此速度的车辆很少，所以可将其作为确定道路最高限速值的重要参考。

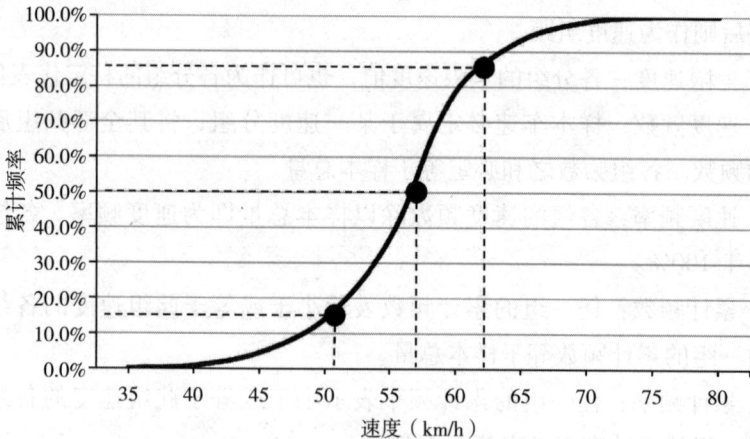

图 3-17 车速累计频率分布

综上所述，第 85% 位车速的计算公式为

$$V_{85} = \frac{85\% - F_{i-1}}{F_i - F_{i-1}} \cdot (V_i - V_{i-1}) + V_{i-1} \tag{3-2}$$

式中：V_{85}——第85%位车速（km/h）；

F_i——第85%位所处区间的上限累计频率；

F_{i-1}——第85%位所处区间的下限累计频率；

V_i——F_i所对应的上限速度（km/h）；

V_{i-1}——F_{i-1}所对应的上限速度（km/h）。

结合表3-9说明第85%位车速的计算方法：$F_7 = 93.4\%$，$F_6 = 78.7\%$，$V_7 = 60$km/h，$V_6 = 65$km/h，代入式（3-2）得到$V_{85} = 62.14$km/h。

表3-9 第85%位车速估算表

上限速度（km/h）	速度频数	累计频数	累计频率	速度百分位
35	0	0	0.0%	
40	1	1	0.7%	
45	5	6	4.4%	
50	13	19	14.0%	
55	31	50	36.8%	
60	57	107	78.7%	85%
65	20	127	93.4%	
70	7	134	98.5%	
75	2	136	100.0%	
80	0	136	100.0%	

3.2.3.2 行程速度分析

在交通管理措施实施后，应对实施效果进行前后比对，从而判断管理措施的有效性，或对管理措施进行必要的改进。

在统计学中，随机误差是指随机因素产生的一类误差，具有明显的偶然性。在车速抽样调查的过程中，相对于总体的平均值，样本量越大，随机误差越小。由于随机误差符合正态分布，所以可通过前后两次抽样对比，检验平均车速变化的显著性，也就是避免随机因素干扰对比分析结论的可靠性。

（1）u检验。u检验适用于调查样本量较大的情况，一般认为不小于30个样

本为宜。检验统计量的计算公式为

$$|u| = \frac{\overline{X}_1 - \overline{X}_2}{\sqrt{\dfrac{S_1^2}{n_1} - \dfrac{S_2^2}{n_2}}} \tag{3-3}$$

式中：$|u|$——u 统计量；

$\overline{X}_1$——事前样本均值（km/h）；

$\overline{X}_2$——事后样本均值（km/h）；

S_1——事前样本标准差；

S_2——事后样本标准差；

n_1——事前行程速度调查样本量（辆）；

n_2——事后行程速度调查样本量（辆）。

求得 u 统计量后将其与表 3-10 所列的阈值进行比较，如果 u 统计量大于阈值，则认为前后样本均值之间的差别显著，不是仅由随机因素导致，也就是交通管理措施效果明显；反之，则可认为前后样本均值之间的差别不显著，主要是由随机因素导致，也就是交通管理措施效果不明显。

表 3-10　u 统计量阈值

显著水平	对比阈值
0.01	2.58
0.05	1.96
0.10	1.64

对于交通数据的分析，显著水平的正常范围为 0.01~0.1，常采用 0.05。

（2）t 检验。t 检验适用于调查样本量较小的情况，其统计量的计算公式为

$$|t| = \frac{\overline{X}_1 - \overline{X}_2}{\sqrt{\dfrac{n_1 S_1^2 + n_2 S_2^2}{n_1 + n_2 - 2}\left(\dfrac{1}{n_1} + \dfrac{1}{n_2}\right)}} \tag{3-4}$$

式中：$|t|$——t 统计量。

求得 t 统计量后将其与表 3-11 所列的阈值进行比较，如果 t 统计量大于阈值，则认为前后样本均值之间的差别显著，即交通管理措施效果明显；反之，则

可认为前后样本均值之间的差别不显著，即交通管理措施效果不明显。

表 3-11 t 统计量阈值

自由度	显著水平		
	0.01	0.05	0.10
1	63.66	12.71	6.31
2	9.92	4.30	2.92
3	5.84	3.18	2.35
4	4.60	2.78	2.13
5	4.03	2.57	2.02
6	3.71	2.45	1.94
7	3.50	2.37	1.89
8	3.36	2.31	1.86
9	3.25	2.26	1.83
10	3.17	2.23	1.81
11	3.11	2.20	1.80
12	3.05	2.18	1.78
13	3.01	2.16	1.77
14	2.98	2.14	1.76
15	2.95	2.13	1.75
16	2.92	2.12	1.75
17	2.90	2.11	1.74
18	2.88	2.10	1.73
19	2.86	2.09	1.73
20	2.85	2.09	1.72

表 3-11 中自由度为 n_1+n_2-2。

3.3 交通密度调查

由于密度一般针对较长路段观测才能获得，所以对其调查的难度较大。尽管随着卫星遥感、无人机、高清摄像等新兴技术的发展，直接调查密度数据已成为可能，但受调查成本、续航时间等因素影响，较长时间的密度数据还需通过间接方式获取。

3.3.1 直接调查方法

随着无人机技术逐步应用于交通管理工作，特定范围的交通密度数据可以被快速获取。利用无人机完成高空摄影，再从摄影照片上读取预定观测区间内存在的车辆数，进而可计算交通密度，如图3-18所示。

图3-18 交通密度直接计算方法

此方法受到无人机续航时间、飞行高度等因素的影响，获得交通密度数据的时空范围比较有限。尽管目前通过卫星遥感能够获得更大范围的交通密度数据，但因数据采集成本的问题，暂时难以普遍应用于交通管理工作。

3.3.2 间接调查方法

在交通密度的间接调查方法中，出入量法较为著名，但因其操作过程烦琐，而且先决条件苛刻（要求观测区间中途无出入车辆），导致方法的应用性不强，所以本书不予详细介绍。

相比之下，通过调查道路断面交通参数数据，进而估算交通密度的做法更具可操作性。例如，2.4.2 节所述的时间占有率可被用来估算交通密度，故其也被称为"时间密度"。

对于时间占有率的获取，首先要在道路断面设置车辆检测器，一般每个车道设置一个检测器即可，如图 3-19 所示。时间占有率的计算公式为

$$O_T = \frac{1}{T} \sum_{i=1}^{n} \frac{d + l_i}{v_i} \tag{3-5}$$

式中：O_T——时间占有率；

　　　T——观测时间（s）；

　　　d——车辆检测器长度（m）；

　　　l_i——第 i 辆车车身长度（m）；

　　　v_i——第 i 辆车地点速度（m/s）；

　　　n——车辆数（辆）。

经推导可得

$$O_T = \frac{(d + \bar{l})K_T}{1000}, \text{ 即 } K_T = \frac{1000O_T}{d + \bar{l}} \tag{3-6}$$

式中：$\bar{l}$——平均车身长度（m）；

　　　K_T——交通密度平均值（辆/km）。

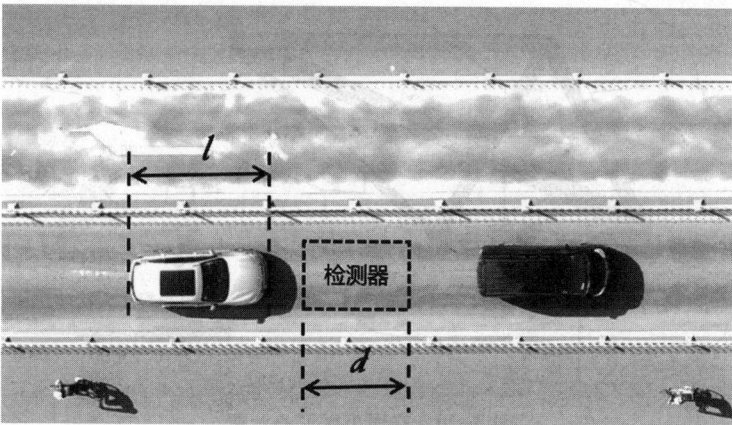

图 3-19　交通密度间接计算方法

由于式（3-6）中的 $\bar{l}$ 为平均车身长度，所以交通流中车型越单一，则交通密度的估算结果越准确。

3.4 起讫点（OD）调查

起讫点调查也称 OD（Origin Destination）调查，主要是对特定区域内人或车的出行数据进行采集、统计及分析。在交通管理工作中，掌握出行 OD 数据有助于了解交通需求的出发地、目的地及交通行为，从而为交通规划、交通组织、交通评价及交通预测提供更高维度的基础数据。

3.4.1 重要概念

（1）交通小区。交通小区是指为获得出行 OD 数据而将研究区域划分成的各个基本单元。

（2）区间出行。区间出行是指起讫点位于不同交通小区的一次出行。

（3）区内出行。区内出行是指起讫点位于同一交通小区的一次出行。

（4）小区形心。小区形心是指交通小区内交通出行的中心点，一般是选择关键交叉口，如图 3-20 所示。

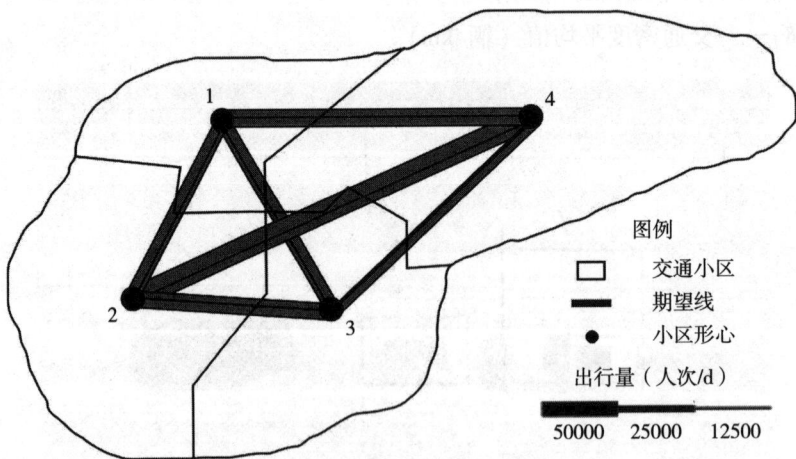

图 3-20 交通小区形心示意

（5）核查线。核查线是指为校核 OD 数据调查结果的准确性而在研究区域内设定的一条或几条交通量调查断面，如图 3-21 所示。

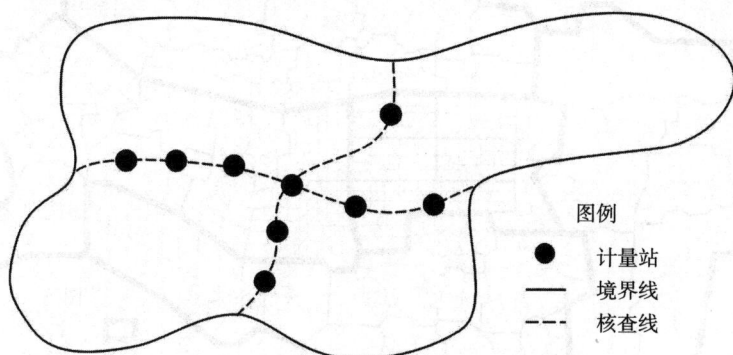

图 3-21 核查线示意

（6）出行发生。出行发生是指单位时间内离开交通小区的交通量。

（7）出行吸引。出行吸引是指单位时间内进入交通小区的交通量。

（8）出行分布。出行分布又称 OD 交通量，是指研究区域内各个交通小区之间出行量的总体分布，通常采用 OD 表的形式进行表达。

3.4.2 交通小区划分

划分交通小区不仅是定义出行 OD 数据调查的基本单元，同时也是确定出行起讫点的空间尺度。通常要根据具体的调查目的，综合考虑城市用地性质、人口分布、行政区划、自然地貌、路网布局等因素。

交通小区划分应遵循以下几个原则：

（1）如果以前做过 OD 调查，则为保证数据的连续性，应尽可能维持原有的交通小区划分方案；

（2）一个交通小区不应被铁路、江河、山脉等明显的界线分割；

（3）一个交通小区应保持用地性质、路网特征等方面的一致性；

（4）越靠近中心城区，交通小区划分应越精细；

（5）交通枢纽站、立体交叉口等大型交通设施的各出入口（含匝道口）应完全属于一个交通小区；

（6）交通小区划分应进行分级处理，以便满足不同空间尺度的 OD 数据需求，如按照片区、大区、小区、子区等不同尺度逐渐细化，如图 3-22 所示。

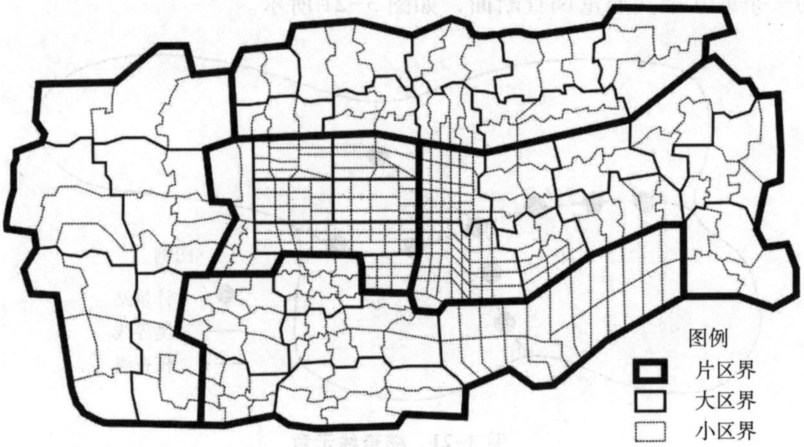

图例
■ 片区界
□ 大区界
▫ 小区界

图 3-22 交通小区分级处理示意

3.4.3 调查方法

国内外相关材料所提到的 OD 调查方法较多，包括车牌号调查、路侧访问、明信片调查、入户走访、玻璃贴调查、工作单位调查等。

（1）车牌号调查。作为一种最常用的 OD 调查方法，观测员需在特定地点记录车辆的车牌号与经过的时间，进而通过匹配观测结果即可找到车辆行驶的路径。此方法通常难以获得车辆的完整行驶路径，所以一般不适用于交通小区划分比较精细的复杂城市路网，同时此方法数据分析工作量较大。

（2）路侧访问。调查员引导车辆停在路侧安全区域，并询问驾驶人关于出行起讫点、出行目的、出行路线、出行频率等方面的问题。所提的问题要求简单、简短、明确，且应与调查目的密切相关。此方法一般不适用于交通需求偏大、交通事故多发或路权限制严格的道路，而且此方法的实施通常需要交通管理部门配合。

（3）明信片调查。在道路条件不允许实施路侧访问的情况下，可对驾驶人发放明信片，并要求其在填写相关信息后将明信片寄回。此方法能够大幅增加 OD 调查的基础样本量，但回收率往往不高，一般为 20% ~ 30%。另外，此方法对于明信片内容的设计要求很高，一张合格的明信片不仅可以提高回收率，而且可能获得更加丰富的信息。

（4）入户走访。调查员采用家访的形式了解家庭全体成员的出行情况，包括出行方式、出行时间、出行路线等详细信息。此方法调查时间相对充裕，所以具有信息可靠性高、表格回收率高等优势，但此方法的实施一般需要依靠社区、街道等基层组织机构的配合。

（5）玻璃贴调查。玻璃贴调查方法利用不同颜色的贴纸区分车辆不同来源。调查员在征得同意后将贴纸发给驾驶人，或贴在停放的车辆挡风玻璃上，然后在特定地点回收或者记录贴纸的颜色，进而可以统计 OD 数据。此方法对于驾驶人的影响较小，相对容易被接受，但此方法外业调查的工作量较大，不适合研究范围过大的调查需求。

（6）工作单位调查。针对研究范围内机关、事业、企业等工作单位进行职工出行情况的统计调查，甚至可直接利用单位现成的档案资料获得相关信息。此方法可大幅减轻工作量，同时获得的调查数据比较可靠，但通过此方法获得的 OD 数据具有一定的偏向性，而且同样需要相关管理部门的配合。

还需指出一点，无论是上述哪种 OD 调查方法，都无法避免较大的实施难度、调查成本及劳动强度，而且受样本量限制，往往所得数据的可靠性不高，因此，目前交通管理工作对 OD 数据的应用较少。然而，随着通信技术的发展，基于手机信令数据获得长时间、大范围且更准确的出行 OD 数据已成为可能，也必然是未来的发展趋势。

3.4.4　统计分析

OD 调查结果通常被统计成矩阵的形式，如表 3-12 所示，矩阵中的每个元素表示任一出行起点到达任一出行讫点的出行量。

表 3-12　OD 矩阵

讫点 j / 起点 i	1	2	3	…	n	$P_j = \sum_j t_{ij}$
1	t_{11}	t_{12}	t_{13}	…	t_{1n}	P_1
2	t_{21}	t_{22}	t_{23}	…	t_{2n}	P_2
3	t_{31}	t_{32}	t_{33}	…	t_{3n}	P_3
…	…	…	…	…	…	…
n	t_{n1}	t_{n2}	t_{n3}	…	t_{nn}	P_n
$A_j = \sum_i t_{ij}$				…		$T = \sum_i \sum_j t_{ij}$

　　若将 OD 矩阵表示为出行分布图，则如图 3-23 所示，图中的箭头线表示出行方向，箭头线的宽度表示出行量大小。其中，箭头线并不代表实际的出行路线，因其反映人们的出行期望，故被称为期望线。

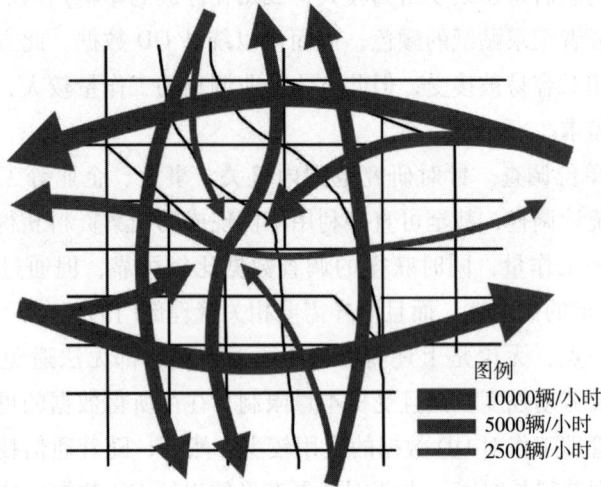

图例
　　10000辆/小时
　　5000辆/小时
　　2500辆/小时

图 3-23　OD 分布图

3.5　交叉口运行调查

　　除了前文所介绍的交通量、行程速度、交通密度、出行 OD 等交通参数外，在交通管理工作中，还会用到一些特定场景下的交通参数数据，特别是那些能够反映交叉口运行情况的参数应用比较广泛，如排队、延误等。

3.5.1　交叉口排队调查

　　受制于交通控制设施或在发生交通拥堵时，车辆可能会处于排队等待的状态，常见于信号控制交叉口。排队长度能够直观反映交叉口的空间利用率，而且通过分析排队长度的变化还能获知交通拥堵的扩散规律，对于交通组织、信号优化、拥堵治理等工作作用显著。

　　下面介绍几个常用的排队长度概念。

　　（1）最大排队长度。如果绿灯期间的车辆驶离率大于车辆到达率，则在绿灯开始后车辆逐渐减少，此时可将绿灯开始时刻的排队长度视为最大排队长度。

如果绿灯期间的车辆驶离率小于车辆到达率，则在绿灯开始后车辆越排越多，后续各个周期都将形成更长的车辆排队，此时可将每个周期结束时刻的排队长度视为最大排队长度。

（2）实时排队长度。实时排队长度是指某一特定时刻的车辆排队长度，可以是观测时刻静止车辆的排队长度，也可以是观测时刻给定区间长度的车辆总长。

（3）平均排队长度。平均排队长度是指排队长度的平均值，可以是给定时段内某一车道抽样实时排队长度的平均值，也可以是给定时刻不同车道排队长度的平均值。

（4）二次排队长度。二次排队长度是指从绿灯起始时刻到达交叉口的所有车辆中，在此绿灯期间无法通过交叉口的车辆形成的排队长度。

图 3-24 为信号控制交叉口车辆运行时距图。首先，在绿灯末尾阶段到达的车辆，无须停车即可直接通过交叉口；在红灯阶段到达的车辆，必须停车排队等待；在绿灯再次亮起后，排在前面的车辆开始启动，陆续通过交叉口，而后续到达的车辆由于排队还未完全消散，所以还需停车排队，但排队时间逐渐减小，直到最后一辆停车排队车辆停止时，达到最大排队长度。显然，图 3-24 所示为车辆驶离率大于车辆到达率的排队形成过程。

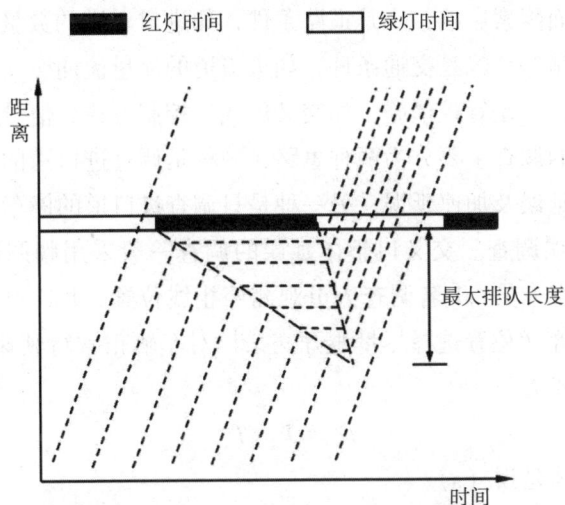

图 3-24 信号控制交叉口车辆运行时距图

调查排队长度一般需要用到计时器、计数器、对讲机、记录板等工具。每个车道需要 2 名调查人员，1 名调查人员观测排队的最前端（如停止线位置），1 名调查人员观测排队的最后端。调查步骤如下：

（1）调查人员跟踪调查每个信号周期排队队尾的停止车辆。对在绿灯时间到达，但由于排队还未完全消散，所以还需停车排队的车辆也应统计在内。当到达车辆与前面停止车辆间距不足 1 个车身长度且有停车倾向时也应该统计在内。

（2）每隔 10~20s 记录 1 次排队车数，包括已经加速但未离开交叉口的车辆。其中，直行车辆越过停止线则可认为离开交叉口；转弯车辆越过冲突点（车流或行人）才能认为离开交叉口。

（3）为了便于统计，调查时段一般为信号周期的整数倍。在调查时段末，应持续统计调查时段所有到达的排队车辆，直到全部离开交叉口。对于调查时间结束后才到达的车辆不在统计范围内。

不难看出，上述调查步骤只适用于不饱和的信号控制交叉口。对于过饱和的情况，由于车辆排队长度通常快速增加，上述方法难以实现。此时，可采用其他方法，如将进口道分成若干区段，但需大量调查人员，而且操作比较复杂。

3.5.2　交叉口延误调查

在行车延误总量中，交叉口延误所占比例最高，一般可达80%以上。交叉口延误主要受三方面因素影响：一是道路条件，如进口车道的数量、宽度、线形及渠化设计、停靠站等；二是交通条件，如进口道的流量流向、交通构成、运行速度、横向干扰等；三是管控措施，如交叉形式、控制方式、信号配时等。

交叉口延误的调查主要分为两种思路，一种是调查进口道的整体延误，包括减速延误、停车延误及加速延误；另一种是只调查进口道的停车延误。

（1）整体延误调查。交叉口整体延误的调查一般采用牌照法，每个进口道至少需要 2 名调查人员，1 名调查人员观测停止线位置，1 名调查人员观测进口道上游的适当位置（位置选择尽量避开交叉口对车辆正常行驶速度的影响）。整体延误的计算公式为

$$D_o = T - T_b \tag{3-7}$$

式中：D_o——整体延误（s）；

　　　T——实际行程时间（s）；

　　　T_b——自由流行程时间（s）。

（2）停车延误调查。交叉口停车延误的调查一般采用点样法。对于任一进

口道，停车延误的计算公式为

$$D_s = \sum_{i=1}^{N} (T_e^i - T_s^i) \qquad (3-8)$$

式中：D_s——停车延误（s）；

　　　T_s^i——停车车辆 i 的停驶时刻；

　　　T_e^i——停车车辆 i 的驶离时刻；

　　　N——停车车辆总数。

如果将调查时间划分为若干足够小的时间间隔，同时假设停车车辆均恰好在时间间隔的开始时刻停驶，且在其结束时刻驶离，则式（3-8）可以转化为

$$D_s = d \cdot \sum_{j=1}^{M} R_j \qquad (3-9)$$

式中：d——间隔时长（s），一般取 10s 或 15s；

　　　R_j——时间间隔 j 结束时刻的停车数量；

　　　M——时间间隔个数。

然而，事实上停车车辆不可能都在时间间隔的开始时刻停驶，且在结束时刻驶离，所以一旦某一时间间隔内停驶数量超过驶离数量，则停车延误将会偏大，反之，则停车延误将会偏小。为此，应使调查时间取值足够大，以便尽可能抵消偏差，如取 10min、15min 等。如表 3-13 所示，$D_s = 10 \times 42 = 420\text{s}$。

表 3-13　停车延误点样调查表

车辆状态	停车数量（10s 间隔）						合计
	0~10s	11~20s	21~30s	31~40s	41~50s	51~60s	
停驶	8	5	3	2	1	0	19
驶离	0	0	4	6	8	1	19
停车（R_j）	8	11	13	7	3	0	42

点样法的实施需要注意以下几个问题：

（1）每个进口道至少需要 2 名调查人员，协作完成报时、观测及记录工作；

（2）为保证调查精度，要求具有充足的样本量；

（3）为保证调查结果的随机性，信号周期时长不能被时间间隔整除，且调查时间的起终时刻应与信号周期的起终时刻错开；

（4）如果某一辆车的停车时间超过一个时间间隔，则其将在下一个时间间隔再次被统计，所以对于一个指定的时间间隔，停驶数量总是小于或等于停车数量。

课后作业

1. 分析不同交通参数数据融合调查的必要性与可行性。
2. 思考利用无人机可调查哪些交通参数数据。
3. 设计非机动车与行人的交通调查方法。

第4章 交通管理设施

交通管理设施作为道路交通工程的重要组成部分，不仅是保障交通安全、维持交通秩序、提高驾驶体验的基础条件，也是城市形象的第一道门面。本章的主要内容包括交通标志、交通标线、信号控制设备及其他设施。

4.1 交通标志

道路交通标志通常设置于道路附近，是用颜色、形状、字符、图形等对道路使用者进行指示、引导、警告、控制或限制的一种道路交通管理设施，同时也是最常用的一种交通管理设施。

4.1.1 标志分类

相比于其他交通管理设施，交通标志的类型较多，而且按照不同的角度有着不同的分类。

4.1.1.1 按照应用功能分类

（1）禁令标志。禁令标志是指禁止或限制道路使用者交通行为的标志。禁令标志的形状大多为圆形，个别为顶角朝下的等边三角形、八角形、方形等其他形状；颜色大多为白底、红圈、红杠、黑图案，个别为其他颜色搭配。

图4-1 禁令标志示例

（2）指示标志。指示标志是指示意道路使用者遵循的交通标志。指示标志的形状大多为圆形、正方形及长方形；颜色大多为蓝底、白图案，个别为其他的颜色搭配。指示标志具有与禁令标志相同的法律效力，道路使用者必须严格遵守。

图4-2 指示标志示例

（3）警告标志。警告标志是指提醒道路使用者注意前方道路交通状况的交通标志。警告标志的形状大多为顶角朝上的等边三角形；颜色大多为黄底、黑边、黑图案。

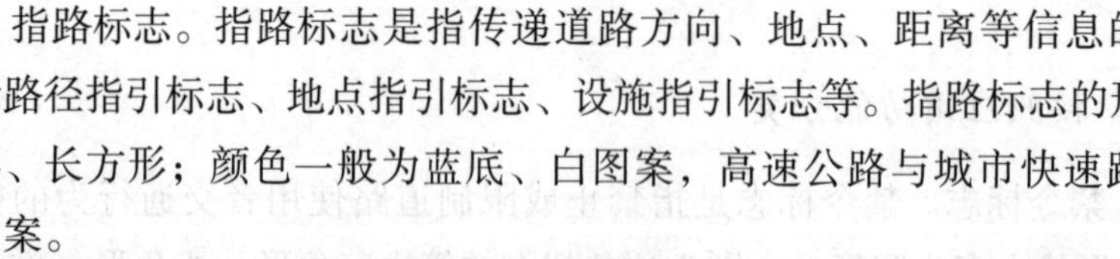

图4-3 警告标志示例

（4）指路标志。指路标志是指传递道路方向、地点、距离等信息的交通标志，包括路径指引标志、地点指引标志、设施指引标志等。指路标志的形状一般为正方形、长方形；颜色一般为蓝底、白图案，高速公路与城市快速路则为绿底、白图案。

图4-4 指路标志示例

（5）旅游区标志。旅游区标志是指提供旅游景点方向、距离等信息的交通标志，包括旅游指引标志与旅游符号标志。旅游区标志一般为正方形、长方形；颜色一般为棕底、白图案。

图 4-5　旅游区标志示例

（6）告示标志。告示标志是指用于解释道路设施、指引路外设施或告知交通法规、提醒安全行车等内容的交通标志。告示标志大多为方形；颜色大多为白底、黑边、黑字；根据告示的内容搭配特定图案。

图 4-6　告示标志示例

（7）辅助标志。辅助标志是指附在主标志下方，起到辅助说明主标志作用时间、位置、方向、车种等信息的交通标志，不能单独使用。辅助标志一般为方形；颜色一般为白底、黑边、黑字、黑图案。

图 4-7　辅助标志示例

4.1.1.2　按照支撑结构分类

（1）立柱式交通标志。立柱式交通标志分为单柱式交通标志与多柱式交通标志。单柱式交通标志是交通标志板装在 1 根立柱上，适用于中小尺寸的禁令标志、指示标志、警告标志等；多柱式交通标志是交通标志板装在 2 根及以上立柱上，适用于较大的方形交通标志。

图 4-8　立柱式标志示例

（2）悬臂式交通标志。悬臂式交通标志分为单悬臂交通标志与双悬臂交通标志。单悬臂交通标志多设置于道路右侧；双悬臂交通标志多设置于中央或机非分隔带上。悬臂式交通标志适用于道路较宽、流量较大、空间受限、视线受阻等情形。

图 4-9　悬臂式标志示例

（3）门架式交通标志。门架式交通标志装在龙门架上，适用于同向 3 车道及以上道路或流量较大、空间受限、视线受阻、车道复杂等情形。

图 4-10　门架式标志示例

（4）附着式交通标志。附着式交通标志装在道路上方或路侧的结构物上，适用于小尺寸的禁令标志、指示标志、警告标志等。

图 4-11　附着式标志示例

4.1.1.3　按照光学性能分类

（1）逆反射式交通标志。逆反射式交通标志利用标志板上的逆反射材料，可将光源（如车灯）照射的光线反射回去，从而即使是在夜间也能让交通标志清晰可见。逆反射式交通标志因其使用寿命长、维护成本低等优点，目前应用规模最大，但其对雨、雪、雾等恶劣天气的适应性较差。

（2）照明式交通标志。照明式交通标志分为内部照明式交通标志与外部照明式交通标志。内部照明式交通标志是将光源安装于交通标志板结构内部；外部照明式交通标志是将光源安装于交通标志板外部下前方或其他适当位置。照明式交通标志安装难度大、维护成本高，且易受到外界环境（如风雨、尘土等）的影响。

图 4-12　照明式标志示例

（3）主动发光式交通标志。主动发光式交通标志也称为 LED 发光交通标志，利用 LED 光源能使交通标志全天候清晰可见，夜间具有 150m 以上的视认距离。主动发光式交通标志不易受外界环境的影响，但其建设、维护等成本较高，大多应用在一些特殊场景下，如关键节点、团雾多发或与景观设施融合使用。

图 4-13　主动发光式标志示例

4.1.1.4　按照信息显示分类

（1）静态交通标志。静态交通标志是指信息长时间保持不变的交通标志，通常可用来提供常规的道路交通信息。静态交通标志不能根据交通、道路、气象、管理等状况的变化而改变设置。

（2）可变信息标志。可变信息标志是能根据交通、道路、气象、管理等状况变化而改变显示内容的交通标志，可用作速度控制、车道控制、道路状况、气象状况等内容的显示。

图4-14　可变信息标志示例

4.1.1.5　按照作用时效分类

（1）永久性交通标志。永久性交通标志是指长期固定在道路沿线的交通标志，为驾驶人提供稳定的交通信息。

（2）临时性交通标志。临时性交通标志是指为临时指示交通、引导车辆、提醒驾驶人而设置的交通标志，通常用于施工区域、事故现场、道路维修等情况。

图 4-15 临时性标志示例

4.1.1.6 按照强制程度分类

（1）强制性交通标志。强制性交通标志是指道路使用者必须遵守的交通标志，包括禁令标志、指示标志单独使用及其被套在无边框白色底板上面使用时。停车让行标志、减速让行标志不得被套在无边框白色底板上使用。

图 4-16 禁令标志套用示例一

（2）非强制性交通标志。非强制性交通标志是指不是道路使用者必须遵守的交通标志，包括警告标志、指路标志等。禁令标志、指示标志被套在指路标志上面使用时，仅表示提供相关禁止、限制及遵行信息，不能作为强制性标志。

图 4-17 禁令标志套用示例二

4.1.2 标志要素

为了提高可见性、易读性及普适性，交通标志的设计主要基于人因理论选择适当的颜色、形状及符号等要素。

4.1.2.1 颜色

颜色可使标志内容从其所处的背景之中凸显出来，增加驾驶人对交通标志的注意，从而帮助驾驶人快速识别交通标志信息。为了提高标志内容与其背景之间的对比度，一般采用明暗颜色的搭配组合。

人眼可以看见的色光波长范围为 380~780nm。不同波长会引起不同的颜色感觉。例如，短波范围 470nm 产生蓝色感觉，中波范围 530nm 产生绿色感觉，长波范围 700nm 产生红色感觉。此外还有一些中间色，如橙黄、黄绿等。

人眼对于不同颜色的探测能力存在差别。在一定的观察距离下，可利用不同颜色获得等效视觉清晰度所需的面积进行体现。针对不同颜色人眼可探测的最小面积见表 4-1，观察距离为 230m。

表 4-1　人眼对于不同颜色的探测能力

颜色	黄	白	红	蓝	绿	黑
最小面积（m²）	1.3	1.5	1.7	1.9	2.0	3.3

交通标志的颜色选择不仅要考虑人眼的接受程度，还要考虑颜色本身表达的抽象含义。红色可以对人产生一种带有危险预示的刺激，比较适合作为禁令标志的主色调；黄色可以给人一种警醒的感觉，比较适合作为警告标志的主色调；蓝色可以使人感觉沉静、安宁、顺利，比较适合作为指示标志的主色调。

在交通标志中，颜色的应用规则大致如下：

（1）红色：多用于禁令标志的边框、底色、斜杠等或其他标志的叉形符号、斜杠符号等；

（2）黄色：多用于警告标志的底色；

（3）蓝色：多用于指路标志的底色，也用于地名、路线、方向等行车信息或一般指路标志的底色；

（4）绿色：多用于地名、路线、方向等行车信息，也用于高速公路或快速路指路标志的底色；

（5）棕色：多用于旅游区标志的底色；

（6）黑色：多用于交通标志的文字、图形、符号、边框等；

（7）白色：多用于交通标志的底色、文字、图形、符号、边框等；

（8）橙色：多用于作业区有关的警告标志、指路标志等。

4.1.2.2　形状

除了分辨颜色，驾驶人对交通标志的第一印象还要依靠标志形状。在相同的面积条件下，三角形的视认效果最好，其次是菱形、方形、圆形等。

在交通标志中，形状的应用规则大致如下：

（1）三角形：顶角朝上的等边三角形用于警告标志，顶角朝下的等边三角形用于减速让行标志；

（2）圆形：用于禁令标志、指示标志；

（3）矩形：包括正方形与长方形，用于指示标志、指路标志、旅游区标志、辅助标志、告示标志及部分警告标志、禁令标志；

（4）叉形：用于铁路平交道口警告标志；

（5）八角形：用于停车让行标志。

4.1.2.3　符号

相比文字符号而言，图形符号往往具有更好的视认性，而且不同国家、民族或语言的驾驶人都易理解，所以交通标志中除采用文字符号外，也采用较多的图形符号。

在交通标志中，符号的应用原则主要包括：

（1）标准化：符合相关标准的设计要求，如按照从左至右或从上至下的顺序排列、一个地名不应写成两行或两列、一块标志上面不应既有横排又有竖排等；

（2）清晰度：清晰可见，边缘锐利，避免出现模糊或扭曲；

（3）重点突出：通过符号的大小、颜色、粗细等方式突出重点信息；

（4）图文协调：图形与文字相互补充，避免出现信息冲突或冗余；

（5）具有普遍性：适用于不同条件的道路使用者，避免使用特定文化或语言的象征性符号；

（6）符合视觉特征：符合人体视觉特征，如视力、对比度、色彩搭配等。

4.1.3　标志尺寸

4.1.3.1　禁令标志尺寸

禁令标志的形状主要有圆形、八角形及顶角朝下的等边三角形，所涉及尺寸参数如图 4-18 所示。除了特殊情况外，各尺寸参数的一般值是由道路设计速度决定，见表 4-2，也可以根据运行速度进行适当调整。在街巷路、分隔带等位置设置的立柱式禁令标志，若受空间限制，则可采用最小值。

表 4-2　禁令标志尺寸与道路设计速度的关系

标志类型	尺寸参数	设计速度（km/h）				最小值
		100~120	71~99	40~70	<40	
圆形	标志外径 D（cm）	120	100	80	60	50
	红边宽度 a（cm）	12	10	8	6	5
	红杠宽度 b（cm）	9	7.5	6	4.5	4
	衬边宽度 c（cm）	1	0.8	0.6	0.4	0.4

续表

标志类型	尺寸参数	设计速度（km/h）				最小值
		100~120	71~99	40~70	<40	
三角形	等边边长 A（cm）	—	—	90	70	60
	红边宽度 a（cm）	—	—	9	7	6
	红边圆角半径 R（cm）	—	—	4	3	3
	衬边宽度 c（cm）	—	—	0.6	0.4	0.4
八角形	标志外径 D（cm）	—	—	80	60	50
	白边宽度 d（cm）	—	—	3	2	2

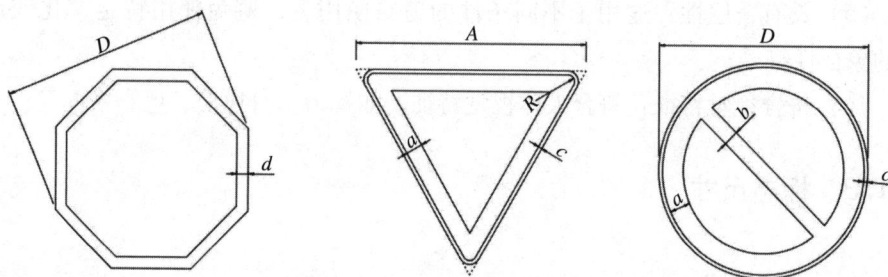

图 4-18　禁令标志尺寸参数示意

4.1.3.2　指示标志尺寸

指示标志的形状主要有圆形、正方形及长方形，所涉及尺寸参数如图 4-19 所示。除了特殊情况外，各尺寸参数的一般值是由道路设计速度决定，见表 4-3，也可以根据运行速度进行适当调整。在街巷路、分隔带等位置设置的立柱式指示标志，若受空间限制，则可采用最小值。

表 4-3　指示标志尺寸与道路设计速度的关系

标志类型	尺寸参数	设计速度（km/h）				最小值
		100~120	71~99	40~70	<40	
圆形	标志外径 D（cm）	120	100	80	60	50
正方形（一般）	边长 A（cm）	120	100	80	60	—

续表

标志类型	尺寸参数	设计速度（km/h）				最小值
		100~120	71~99	40~70	<40	
长方形（一般）	长 B×宽 C（cm×cm）	120×96	100×80	80×64	60×48	—
单行路标志	长 B×宽 C（cm×cm）	—	100×50	80×40	60×30	—
占用部分人行道边缘停车位标志	长 B×宽 C（cm×cm）	—	—	60×40	30×20	—
矩形指示标志	衬边宽度 c（cm）	1	0.8	0.6	0.4	—

图 4-19 指示标志尺寸参数示意

4.1.3.3 警告标志尺寸

警告标志的形状主要是顶角朝上的等边三角形，所涉及尺寸参数如图 4-20 所示。除了特殊情况外，各尺寸参数的一般值是由道路设计速度决定，见表 4-4，也可以根据运行速度进行适当调整。在街巷路、分隔带等位置设置的立柱式警告标志，若受空间限制，则可采用最小值。

表 4-4 警告标志尺寸与道路设计速度的关系

尺寸参数	设计速度（km/h）				最小值
	100~120	71~99	40~70	<40	
三角形边长 A（cm）	130	110	90	70	60
黑边宽度 B（cm）	9	8	6.5	5	4
黑边圆角半径 R（cm）	6	5	4	3	3

续表

尺寸参数	设计速度（km/h）				最小值
	100~120	71~99	40~70	<40	
衬底边宽度 C（cm）	1	0.8	0.6	0.4	0.4

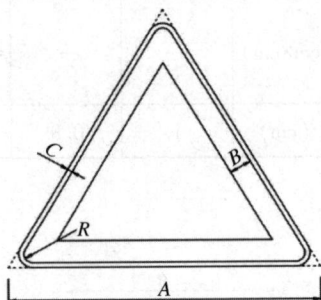

图 4-20　警告标志尺寸参数示意

4.1.3.4　指路标志尺寸

　　指路标志的形状主要有正方形、长方形，尺寸主要由文字尺寸所决定。指路标志上可并用汉字与其他文字。汉字一般排在其他文字上方。除特殊情况外，汉字高度的一般值应由道路设计速度决定，见表4-5，也可以根据运行速度进行适当调整，字宽应与字高相等。其他文字的高度一般根据汉字高度确定，见表4-6。文字间隔、行距等应符合表4-7所示规定。

表 4-5　指路标志汉字高度与道路设计速度的关系

设计速度（km/h）	100~120	71~99	40~70	<40
汉字高度 h（cm）	60~70	50~60	35~50	25~30

表 4-6　其他文字尺寸与汉字高度的关系

其他文字	参数	与 h 的关系
字母或少数民族文字	文字高度	$\frac{1}{3}h \sim \frac{1}{2}h$

续表

其他文字	参数	与 h 的关系
阿拉伯数字	文字高度	h
	文字宽度	$\frac{1}{2}h \sim h$
	笔画粗细	$\frac{1}{6}h \sim \frac{1}{5}h$

表 4-7　指路标志文字相关其他设置参数的规定

文字设置参数	文字间隔	笔画粗细	文字行距	到标志边缘最小距离
与汉字高度 h 的关系	$\frac{1}{10}h$ 以上	$\frac{1}{14}h \sim \frac{1}{10}h$	$\frac{1}{5}h \sim \frac{1}{3}h$	$\frac{2}{5}h$

4.1.4　标志设置

交通标志的设置一旦出现问题，就可能导致标志功能丧失，形成交通安全隐患，甚至造成工程投资的浪费。下面举例说明交通标志设置需要注意的问题。

（1）标志系统性问题。交通标志设置除应满足具体地点的交通管理需求外，还应统筹考虑关联道路范围的交通运行影响，即所提供的信息应有连续性、一致性及系统性，尤其是对指路标志而言，通常必须作为一个体系进行考虑。对于高速公路与城市快速路，指路标志着重反映出口名称、行驶方向及距离预报，并应给予重复显示、连续引导、多级预告。对于普通道路，指路标志着重反映道路名称、地点名称、路网结构及行驶方向，告知道路使用者到达目的地的连续路径。

（2）缺少必要标志。交通标志作为最重要的交通管理设施之一，很多场合下不可或缺，如停车让行标志、减速让行标志、人行横道标志、限制质量标志、限制高度标志、急弯路标志等，如图 4-21 所示。

图 4-21　公路接入口缺少停车让行标志

（3）设置多余标志。交通标志的设置常出现"画蛇添足"问题，不仅造成工程投资浪费，还可能形成交通安全隐患，或者带来交通事故定责的争议，如信号控制交叉口设置多余的让行标志、限速区终点设置多余的解除限速标志以及老标志未除就设置新标志、已废除铁路道口相关标志未拆除等，如图 4-22 所示。

图 4-22　信号控制交叉口设置让行标志

（4）标志信息过载。交通标志设置不是越多越好，一块标志上的信息也不是越多越好。交通标志信息过载将会导致驾驶负荷过大，也会导致道路使用者忽略重要信息，或者产生认知疲劳，从而形成交通事故风险，如图 4-23 所示。

图 4-23　同一位置交通标志设置过量

（5）设置位置不合理。交通标志横向位置的选择主要应使驾驶人容易看到，且符合正常的视觉习惯；纵向位置的选择主要应使驾驶人能够顺利完成发现、认读、理解等必要过程，并及时完成适当的操作行动。如果交通标志的设置位置不合理，则可能导致驾驶人错过或不能及时获得信息。例如，注意行人标志应被设置在人行横道前适当位置，否则驾驶人将无法及时发现，如图 4-24 所示。

图 4-24　注意行人标志设置位置不合理

（6）设置顺序不正确。一个支撑结构上并设的交通标志应按禁令标志、指示标志、警告标志的顺序，从上至下或从左至右设置。错误的标志设置顺序可能导致驾驶人忽略重要信息，如图4-25所示。

图4-25　一个支撑结构上交通标志设置顺序错误

（7）"答非所问"现象。交通标志设置的"答非所问"是指交通标志的含义与其设置本意不相符。例如，前方道路变宽的现场却错误设置两侧变窄警告标志，可能导致驾驶人做出不当操作，如图4-26所示。

图4-26　交通标志含义与其设置本意不相符

（8）"声东击西"现象。交通标志设置的"声东击西"是指交通标志的方向含义与其设置本意相悖，容易导致驾驶人产生误解。"声东击西"属于一种特殊的"答非所问"现象，也具有更大的危害性。例如，交叉路口标志错误表达交叉口的结构形式，如图 4-27 所示。另外，还有急弯路标志、指路标志等也易出现类似的问题。

图 4-27 交通标志方向含义与其设置本意相反

（9）其他规范性问题。除上述各种问题外，还有一些交通标志设置问题需要交通、交管、城建等部门关注。例如，交通标志被绿植、广告牌等障碍物遮挡，甚至交通标志之间相互遮挡，如图 4-28 所示。交通标志设置的其他常见问题，如支撑结构、安装角度、设置高度等，本书不再一一罗列。

图 4-28 交通标志间发生遮挡

4.1.5 标志制作、施工及维护

4.1.5.1 标志制作

交通标志主要是由标志面、标志底板、滑槽、铆钉及支撑件等组成。其中，标志面、标志底板、滑槽、铆钉等又组成标志板。

（1）标志面。除特殊规定外，交通标志采用逆反射材料制作标志面，反光膜是我国应用比较广泛的逆反射材料。

（2）标志底板。标志底板一般采用铝合金板、铝合金型材、钢板、合成树脂类板材等制作。合成树脂类板材包括塑料板、铝塑板、玻璃钢板等。

（3）滑槽。滑槽除了能使标志底板与支撑件连接起来，还有加强标志底板平整度、提高刚度、方便安装及加强整体强度的作用。滑槽的材质选择应与标志底板性能相当。

（4）铆钉。铆钉作为标志底板与滑槽的连接件，质量要求不容忽视。标志使用的铆钉为沉头铆钉，并与标志底板、滑槽性能相匹配。

（5）支撑件。支撑件是支撑、连接、紧固标志板的构件，包括立柱、横梁、法兰盘、抱箍、紧固件等组成部分。

交通标志的使用周期一般在十年左右，如何能满足十年的使用周期制造生产符合国家标准的交通标志产品，对于标志生产者而言至关重要。一方面要使用符合要求的原材料，另一方面要采取科学的制作工艺，二者缺一不可。

标志板生产工艺流程如图4-29所示。

进驻施工场地

根据图纸要求对基坑进行放样

对砂石材料、附件送检

组织人员开挖基坑，严格保证尺寸，达到规范要求

做好混凝土配合比试验

根据混凝土配合比要求组织混凝土的拌和

根据图低要求制作好所需模板

经现场监理人员检验合格后开始浇筑

对已完成混凝土基础根据规范要求进行养生

安装标志立柱，并调整好立柱垂直度

安装标牌

检查已安装好的标牌确保符合设计图纸要求

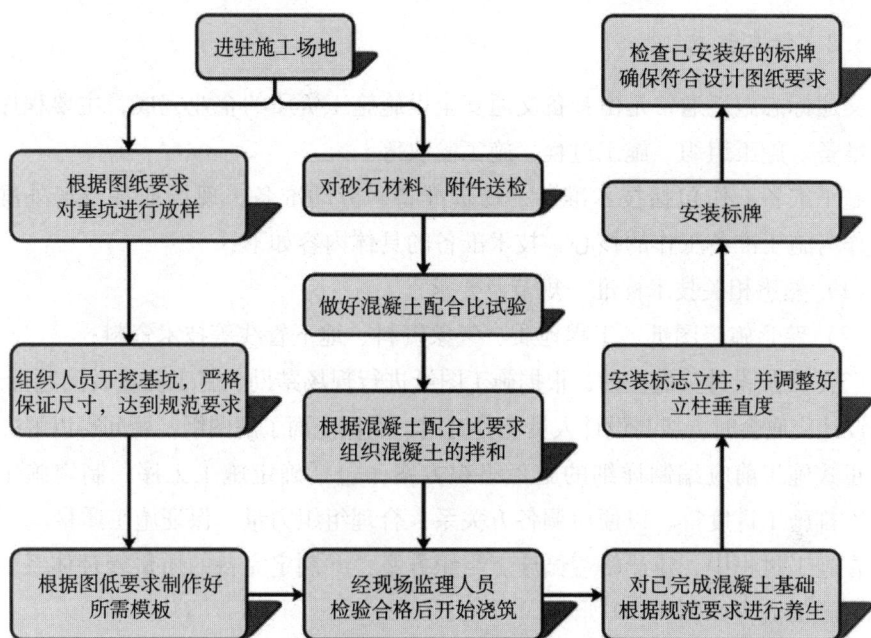

图4-29 标志板生产工艺流程

（1）标志底板制作。若以铝合金板作为标志底板，先在铝合金板上放样划线后再进行裁切。小型标志底板宜由单张铝合金板放样加工而成。但对大型标志而言，为了满足标志的尺寸要求，需要进行铝合金板的拼接，如弯边拼接式、拼嵌拼接式及平板铆接式。

（2）铆接。经过折边处理的标志底板即可在其背面安装滑槽。铆接法是安装滑槽最常用的方法，该方法操作简单，效果稳定可靠。

（3）清洗。为使反光膜牢固粘贴在标志底板上，须对标志底板正面进行清洗，以便清除铝合金板加工过程中留存的油脂，具体有气体脱脂、碱性脱脂、水洗脱脂等多种方法。

（4）反光膜裁切。反光膜可采用多种方法裁切成不同的形状或尺寸。通常利用裁纸刀裁切底膜，并用刻字机将反光膜制成字符或图形，作为标志面的信息部分。

（5）贴膜。通常使用贴膜机粘贴标志面的底膜，使用转移膜、橡胶刮或橡胶辊手工粘贴底膜上的字符或图形。

4.1.5.2 标志施工

交通标志施工通常是由具备交通安全设施施工资质的企业完成，主要程序有施工准备、施工组织、施工过程、施工验收等。

施工准备工作包括技术准备、物资准备、劳动准备、现场准备及场外准备等。作为施工准备工作的核心，技术准备的具体内容如下：

（1）熟悉相关技术标准、规范及要求；

（2）熟悉施工图纸、工程地质、气象资料、地下管线等技术资料；

（3）参加设计交底会前，根据施工图纸进行现场踏勘、施工测量及问题汇总；参加设计交底会时，应与设计人员充分讨论，确保全面了解图纸，疑问得以解决。

正式施工前应编制详细的施工组织方案，包括确定施工工序、制定施工工艺、安排施工进度等，以便协调各方关系，合理组织力量，保证施工质量。

在施工过程中，应严格遵循施工组织方案，并制定完备的质量管理体系。交通标志施工流程如图4-30所示。

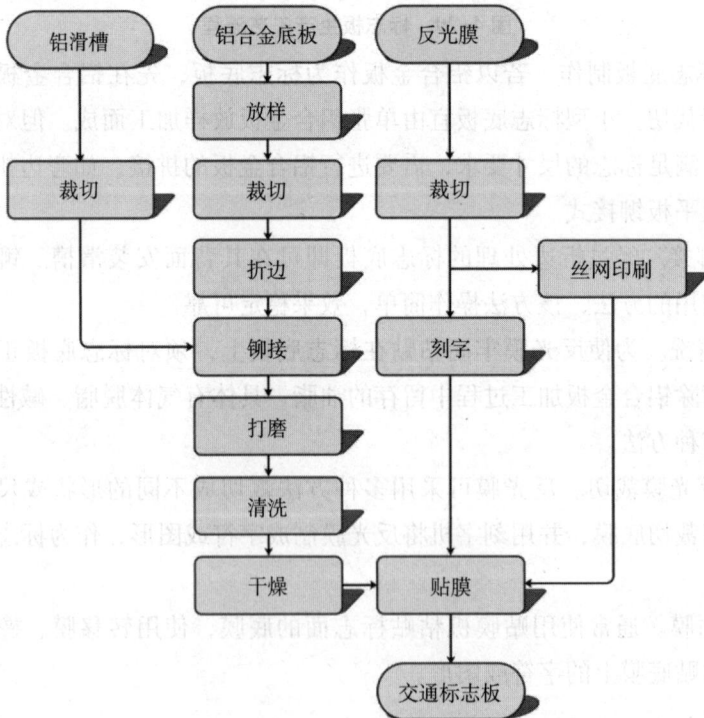

图4-30 交通标志施工流程

如果发现施工条件与图纸中条件不符，或发现图纸存在错误，或材料规格、质量等不能满足要求，或者施工单位提出合理化建议，则应遵循技术核定与设计变更的签证制度，进行图纸的施工现场签证。

另外，施工单位必须根据施工合同、施工图纸等要求，严格执行国家有关的工程项目质量验收标准，积极配合监理工程师、质量监督站等有关人员进行质量评定，办理竣工验收交接手续。评定结果为"不合格"的项目不予验收。

4.1.5.3 标志维护

交通标志维护包括检查巡查、保养维修及更新改造。

检查巡查包括定期检查、特殊检查、专项检查及日常巡查。定期检查的频率一般为每个月一次、每季度一次或每年一次；特殊检查一般是在发生自然灾害、重大事故等特殊情况后开展的检查；专项检查通常是在道路设施更新改造后进行的全面检查；日常巡查则应常态化实行，巡查频率可视具体情况而定。

交通标志的维护应使标志的外观质量、安装质量、技术性能等满足质量要求。因此，交通标志的检查主要考虑以下几点：

（1）交通标志是否设置合理、结构安全、板面整洁且内容清晰；

（2）标志板、支撑件、连接件、基础等是否无缺损且功能正常；

（3）标志部件是否无明显倾斜、变形、锈蚀等异常；

（4）标志面是否平整且无褪色、污染、起泡、起皱、裂纹、剥落等病害；

（5）标志面是否具有良好的夜间视认性；

（6）标志是否被杂草、树木、广告牌、交通设施等障碍物遮挡。

依据交通标志的检查巡查结果，应对不符合要求的交通标志进行保养维护，具体内容包括：

（1）清理遮挡交通标志的障碍物；

（2）清洁标志板面，去除附着的污迹；

（3）修复倾斜、变形、破损的标志部件；

（4）补涂防腐涂层局部剥落的标志部件；

（5）标志部件锈蚀严重时应重新进行防腐处理；

（6）紧固松动的标志连接件；

（7）加固破损的标志基础；

（8）标志基础周围被水淹塌时应清除积水后再进行培土处理。

若经保养维修已无法满足使用要求，则应对交通标志进行必要的更新改造，具体内容包括：

（1）交通标志技术状况已不符合保养维护的质量要求，或按相关性能判断已达到预期寿命，则应给予部分或整体更换；

（2）对于事故多发或被认定为存在安全隐患的点段，应对标志体系进行安全评估，并视情况决定是否更改、补充、补强或增设交通标志。

4.2 交通标线

道路交通标线是由施划或安装于道路上的各种线条、箭头、文字、图案及立面标记、实体标记、突起路标、轮廓标等构成，可为道路使用者传递交通规则、警告、指引等信息的一种道路交通管理设施，可与交通标志配合使用，也可单独使用。

4.2.1 标线分类

交通标线可从设置方式、标线形态、应用功能和标线材料等角度进行分类。

4.2.1.1 按照设置方式分类

（1）纵向标线。纵向标线是指沿道路行车方向设置的交通标线，主要用于标示车道纵向边界，如道路中心线。

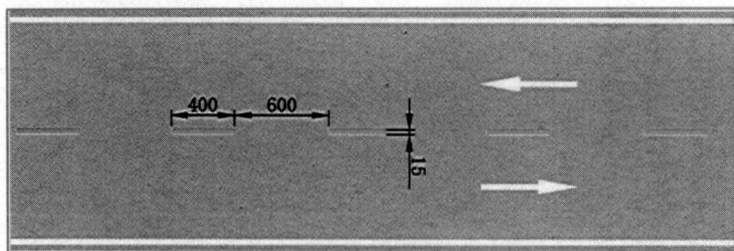

图 4-31 可跨越道路中心线

（2）横向标线。横向标线是指与道路行车方向交叉设置的交通标线，主要用于标示车道横向边界，如停止线。

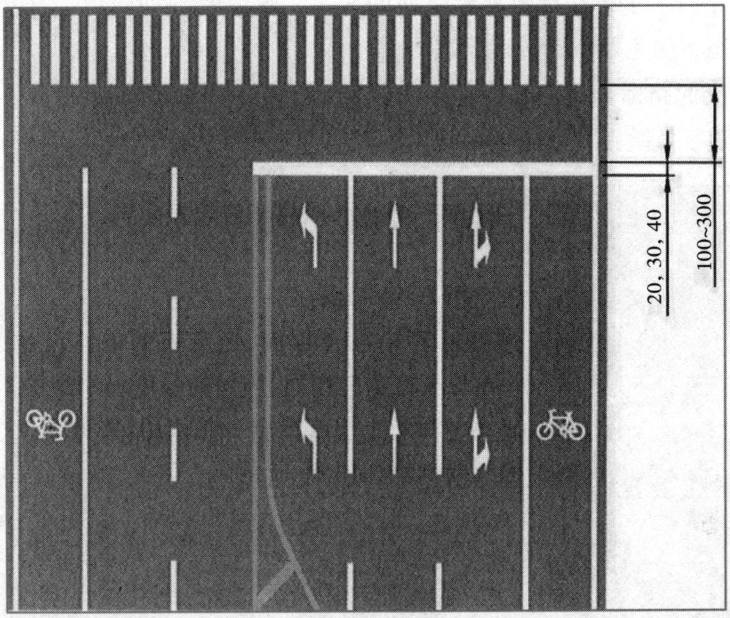

图 4-32　停止线

（3）其他标线。其他标线是指文字、图案或其他形式的交通标线，如非机动车路面标识。

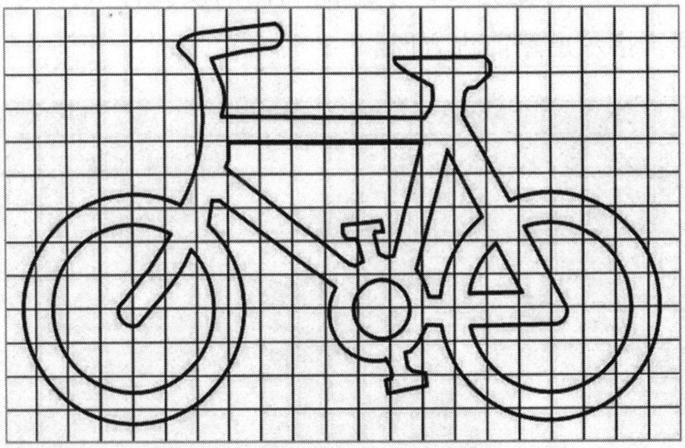

图 4-33　非机动车路面标识

4.2.1.2　按照标线形态分类

（1）线条。线条是指施划于路面、缘石或立面上的实线或虚线，其以不同的线形、颜色及位置传达信息。

（2）字符。字符是指施划于路面的文字、数字及各种图形、符号等，其以不同的形态、颜色及位置传达信息。

（3）突起路标。突起路标是指安装于路面，用于标示车道分界、边缘、分合流、弯道、危险路段、路宽变化、障碍物位置等的突起标记块，如道钉。

图 4-34　道钉

（4）轮廓标。轮廓标是指安装于道路两侧的反光体或反光片，主要用于显示道路边界轮廓，指示道路前进方向。

图 4-35　轮廓标

4.2.1.3 按照应用功能分类

（1）指示标线。指示标线是指指示车行道、行车方向、路面边缘、人行道、停车位、停靠站及减速丘等的交通标线。

表4-8 常用指示标线

序号	标线名称	标线颜色	标线形式	设置方式
1	可跨越道路中心线	黄色	单虚线	纵向标线
2	可跨越同向车道分界线	白色	虚线	纵向标线
3	潮汐车道线	黄色	双虚线	纵向标线
4	车道边缘线	白色或黄色	实线或虚线	纵向标线
5	左转待行区线	白色	虚线	纵向标线
6	路口导向线	白色或黄色	虚线	纵向标线
7	导向车道线	白色	实线	纵向标线
8	人行横道线	白色	粗实线	横向标线
9	车距确认线	白色	折线或半圆状	横向标线
10	道路出入口标线	白色	斜线、折线	其他标线
11	停车位标线	白色、黄色或蓝色	实线或虚线	其他标线
12	停靠站标线	白色或黄色	实线、虚线、斜线、折线	其他标线
13	减速丘标线	白色、黑色	图案、实线	其他标线
14	导向箭头	白色	箭头	其他标线
15	路面文字标记	黄色、白色等	文字	其他标线
16	路面图形标记	黄色、白色等	图案	其他标线

（2）禁止标线。禁止标线是指告示道路交通的遵行、禁止、限制等规定的交通标线。

表4-9 常用禁止标线

序号	标线名称	标线颜色	标线形式	设置方式
1	禁止跨越道路中心线	黄色	实线或虚实线	纵向标线
2	禁止跨越同向车道分界线	白色	实线	纵向标线

序号	标线名称	标线颜色	标线形式	设置方式
3	禁止停车线	黄色	实线或虚线	纵向标线
4	停止线	白色	实线	横向标线
5	停车让行线	白色	实线、文字	横向标线
6	减速让行线	白色	虚线、图案	横向标线
7	非机动车禁驶区标线	黄色	虚线	其他标线
8	导流线	白色或黄色	实线、折线、斜线	其他标线
9	中心圈	白色	圆形或菱形	其他标线
10	网状线	黄色	网格	其他标线
11	专用车道线	黄色、白色或蓝色	虚线或实线、文字	其他标线
12	禁止掉头（转弯）线	黄色	箭头、叉形、文字	其他标线

（3）警告标线。警告标线是指能使道路使用者了解道路的特殊状况，以便提高警觉准备应变的交通标线。

表 4-10　常用警告标线

序号	标线名称	标线颜色	标线形式	设置方式
1	渐变段标线	黄色	实线	纵向标线
2	接近障碍物标线	黄色或白色	实线、斜线、折线	纵向标线
3	铁路平交道口标线	白色、黄色	叉形、实线、虚线、文字	纵向标线
4	减速标线	白色	虚线	横向标线
5	立面标记	黄色、黑色	斜线	其他标线
6	实体标记	黄色、黑色	斜线	其他标线

4.2.1.4　按照标线材料分类

（1）溶剂型涂料标线。溶剂型涂料标线是由颜料、树脂、溶剂等部分组成，具有材料成本低、施工效率高、初期效果好等优点，但有附着力差、耐磨性差、反光性差等缺点，导致标线寿命较短，一般为 3 个月，不适合流量较大的道路使用。另外，溶剂型涂料标线气味较重，VOC 排放偏大。

图4-36　溶剂型涂料标线

（2）热熔型涂料标线。热熔型涂料标线是由热塑性树脂、颜料、反光材料等部分组成，并利用树脂热塑性使涂料与路面快速粘接在一起。热熔型涂料标线具有附着力强、耐磨性好、干燥期短等优点，但其受温差影响大，易出现裂纹，反光衰减快，施工难度大，且老标线清除比较困难。

图4-37　热熔型涂料标线

（3）双组分涂料标线。双组分涂料标线是由涂料A、B两个成分组成，通过特定的施工工艺使二者充分混合后发生化学反应，从而形成坚固耐久的标线涂层。双组分涂料标线具有反光性高、耐磨性强、耐候性好、不易开裂、不易污损等优点，但因涂料 A、B 两个成分需要现场配比，对于施工技术要求较高，而且材料价格相对更高。

图 4-38　双组分涂料标线

（4）水性涂料标线。水性涂料标线将水作为溶剂，使用水性或水乳性树脂作为基料，再配以其他颜料、填料、助剂等制成。水性涂料标线的优点在于施工方便、干燥迅速、复线效果好等，但对施工环境要求较高，干燥时间较长，耐磨性较差，一般作为环保型交通标线使用。水性涂料标线的施划效果接近于溶剂型涂料标线。

（5）预成形标线带（贴）。预成形标线带（贴）是指预先制作好的一种高分子材料标线，不需要喷涂、热熔等机械施工，将其运输到道路现场直接进行粘贴即可。预成形标线带（贴）具有施工速度快、交通影响低、交通污染小等优点，同时存在市场价格高、维护成本高、环境要求高等问题。

图 4-39　预成形标线带（贴）

4.2.2　标线要素

为了提高可见性、易读性及普适性，交通标线的设计主要基于人因理论选择适当的颜色、宽度、虚线及箭头等要素。

（1）颜色。交通标线的颜色主要有白色、黄色、蓝色及橙色，文字、图形或标记中也可出现红色、黑色等特殊颜色。

绝大部分交通标线采用白色或黄色。由于白色标线的逆反射性能通常高于黄色标线，在黎明、黄昏、有雾等特殊情况下，黄色标线的视认性相对较低，所以白色标线的应用比黄色标线更广泛。

（2）宽度。纵向标线宽度对驾驶人的心理影响不大，而且标线太宽，势必浪费工程投资，甚至会增加车轮打滑的危险性。因此，技术标准中少见较宽的纵向标线，而且多采用规定的下限值。横向标线宽度一般大于纵向标线。在行车过程中，驾驶人对横向标线的视认往往由远及近，特别是在横向标线较远时其视角范围很小，加之"近大远小"的原理，所以必要时可以采用较宽的横向标线，如人行横道线。

（3）虚线。在交通标线中，纵向虚线的线段及其间隔长度对驾驶人的感知影响比较明显。如果虚线的线段及其间隔长度太小，则会造成闪现频率过高，对驾驶人产生过分刺激；如果虚线的线段及其间隔长度太大，则会造成闪现频率过低，导致驾驶人获得的信息过少，从而丧失标线应有的作用。对于虚线线段及其间隔长度的选择，既要考虑驾驶人生理、心理因素，也要考虑标线施划的工程量。一般而言，城市道路的虚线闪现频率不应大于 8 次/s；公路的虚线闪现频率不应大于 4 次/s。

（4）箭头。在交通标线中，导向箭头的应用较多，其对驾驶人的操作行为有着直接影响。受视点高度的限制，箭头的平面形状应与观察距离成正比拉长。因此，路面施划的导向箭头形状存在一定的形变。直行箭头宽度约为箭杆宽度的 3 倍为宜，箭头长度小于箭杆长度。由于驾驶人的视线与转弯箭头存在一定偏差，所以要求箭头的转弯部分具有更大的宽度，以便保证足够的视认性。

4.2.3 标线设置

交通标线的设置一旦出现问题，就可能导致标线功能丧失，甚至造成驾驶彷徨，形成交通安全隐患。下面举例说明交通标线设置需要注意的问题。

（1）缺少必要标线。作为最基础的交通管理设施，交通标线一旦缺失，道路使用者就可能陷入深度彷徨的境地，容易引发交通事故，造成秩序混乱。

图 4-40　交通标线严重缺失

（2）标线不清晰。作为一种接触性交通管理设施，交通标线易被磨损、脱落、污染，导致功能部分或全部丧失。为确保标线完整清晰，务必做好维护工作。

图 4-41　交通标线磨损严重

（3）标线颜色错误。不同颜色的交通标线通常代表不同含义，一旦标线颜色出现错误，就会形成交通安全隐患，也将给交通事故的定责带来麻烦。一般白、黄色标线间易出现混淆。

图 4-42　交通标线颜色错误

（4）标线虚实错误。在交通标线中，虚线与实线代表不同的含义，一旦标线虚实出现错误，就会形成交通安全隐患，还会给交通事故的定责带来麻烦。

图 4-43　交通标线虚实错误

（5）标线施划混乱。交通标线施划混乱的局面一般是由于老线未除（或不彻底）即施划新线所造成，导致道路使用者不能正确理解。

图 4-44　交通标线施划混乱

（6）标线位置不合理。交通标线施划位置不佳可能影响驾驶任务。例如，正常情况下左转车辆通过停止线后左转，若驾驶人未到停止线提前左转，则会导致车辆碾压道路中心线；但若驾驶人正常左转，车辆依旧碾压道路中心线，则说明停止线设置位置不合理。

图 4-45　交通标线施划位置不合理

（7）其他规范性问题。除上述各种问题外，还有一些常见的交通标线设置问题需要交通、交管、城建等部门关注。例如，交通标线不反光、标线长度不合理、标线宽度不合理等，本书不再一一罗列。另外，近年我国也出现了国外比较常见的创意标线，如 3D 斑马线，这不符合我国的相关技术标准。

图 4-46　创意 3D 斑马线

4.2.4 标线材料、施工及维护

4.2.4.1 标线材料

交通标线材料主要包括标线涂料、玻璃珠、防滑涂料、标线带（贴）、立面标记涂料、突起路标、轮廓标等。

（1）标线涂料。《路面标线涂料》（JT/T 280—2022）中对标线涂料进行了分类，见表4-11。

表4-11 路面标线涂料分类

涂料类别	涂料型号	玻璃珠含量	涂料状态	有无振动功能
溶剂型	普通型	0	液态	无
	反光型	≥30%		无
热熔型	反光型	≥30%	固态	无
	突起型	≥30%		有
双组分	普通型	0	液态	无
	反光型	≥30%		无
	突起型	≥30%		有
水性	普通型	0	液态	无
	反光型	≥30%		无

（2）玻璃珠。《路面标线用玻璃珠》（GB/T 24722—2020）中根据粒径分布对玻璃珠进行了分型，分为1号、2号、3号及4号。1号玻璃珠宜作热熔型、双组分、水性路面标线涂料的面撒玻璃珠；2号玻璃珠宜作热熔型、双组分路面标线涂料的预混玻璃珠；3号玻璃珠宜作溶剂型路面标线涂料的面撒玻璃珠；4号玻璃珠为雨夜玻璃珠，宜与非雨夜玻璃珠配合使用，作为热熔型、双组分路面标线涂料的面撒玻璃珠。

（3）防滑涂料。路面防滑涂料可以用于施划彩色防滑减速标线，也可铺划成彩色防滑路面。在下雨或潮湿的情况下，有效防止车辆行驶时打滑，也可从视觉上对驾驶人进行色彩警示。

（4）标线带（贴）。长效标线带（贴）适用于平均每车道日均交通量小于15000pcu/d 的道路，使用寿命达 12 个月以上的标线带（贴）。临时标线带（贴）适用于平均每车道日均交通量小于 15000pcu/d 的道路，使用寿命达 3 个月以上的标线带（贴）。

（5）立面标记涂料。立面反光标记（或实体反光标记）采用粘贴反光膜或涂布立面反光涂料实现反光效果。

在工程实践中，应综合考虑标线涂料种类、标线施工机械、标线施划工艺等因素，并根据不同地区、不同道路、不同环境的特点，选择更合适的标线材料。下面举例给出特定场合的标线材料选择建议。

（1）公路边缘实线。公路上的车辆行车较规范，车轮碾压边缘实线较少，所以对耐磨性要求不高，但为使道路使用者清晰视认行车边界，所以对反光性要求较高，故适合于选择热熔喷涂型标线。

（2）公路虚线。公路虚线通常受车轮碾压较多，标线磨损比较严重，所以对耐磨性要求较高。适合于选择热熔刮涂型标线，或者双组分标线也是一个不错的选择。

（3）公路弯道路段。车辆行驶在公路弯道路段时若车速过快，则易发生偏移侧滑，特别是在下雨、潮湿等情况下，极易导致交通事故。选择彩色防滑涂料铺划路面，或选择突起型标线，既可提高路面的防滑性能，也可起到一定的警示作用。

（4）低等级公路。低等级公路往往缺少必要的交通标志、突起路标、轮廓标等交通安全设施，夜间行车安全性偏低，故适合于选择反光性较好的标线。

（5）北方城市道路。城市道路交通量往往较大，标线磨损比较严重，所以对耐磨性的要求较高，而北方城市降雨量较小，标线自清洁困难，故适合于选择耐污性较好的双组分标线。

（6）南方城市道路。南方城市降雨量较大，标线仅靠雨水即可达到自洁的效果，故选择热熔型标线的性价比较高。

（7）城市道路特殊位置。针对城市道路的弯道路段、坡道路段、人行横道、校园周边等交通事故防控重点位置，可考虑选择热熔突起型标线或者彩色防滑标线，既能保障交通安全，又能起到城市装饰的效果。

（8）水泥路面。水泥与高分子有机涂料的结合力较差，目前水泥路面施划的标线寿命都较短，基本不超过 1 年，故选择热熔喷涂型标线的性价比相对较高。

（9）老旧路面。老旧路面往往道路条件较差，不久以后可能就要重铺路面或者道路改造，考虑经济合理性问题，不宜选择过于耐用的交通标线，能与道路工程的启动时间相匹配最好。

4.2.4.2 标线施工

交通标线的施工具有流动性，而且施工结束后要有一段养护期。为确保标线施工顺利开展，应根据道路等级、车道数量、交通量、交通环境、气候条件等，合理组织施工，在保证施工质量的同时确保交通安全。

据不完全统计，我国热熔型标线用量约占总量的90%。下面将以热熔型标线为例，详细介绍交通标线的施工过程。

（1）熔料。熔料过程一般是在热熔釜中采用燃气方式进行。常用的热熔釜见图4-47。熔料温度一般不低于200℃。在熔料的过程中，有效控制熔融状态涂料的流动度是最关键的工作，现场主要依靠操作人员的经验决定。

图4-47　热熔釜

（2）路面清洁。施划基准线之前须对标线施划区域路面的泥沙、尘土、落叶等杂物进行清扫。常用的清扫机见图 4-48，必要时需要利用烘干设备清除路面的水分。

图 4-48　路面清扫机

（3）放样。按照施工图中道路中心线与待施划标线的距离确定基准点。一般在直线路段间距 10~20m 确定 1 个基准点，曲线路段间距 10m 内确定 1 个基准点。通常使用乳胶材料，利用划线车同时放出车道边缘线、车道分界线等水线，并在检查无误后再进行下一步工作。常见的水线划线机见图 4-49。

图 4-49　手推水线划线机

（4）路面二次清洁。如果放样时间较长，则需根据情况再次进行路面清洁，为后续施工环节做好准备。

（5）涂刷下涂剂。为提高交通标线的附着力，一般在待施划区域涂刷下涂剂，并根据不同材质路面选择不同的下涂剂。涂刷方式有刷涂、滚涂和喷涂。常见的喷涂机见图4-50。

图4-50　喷涂机

（6）标线施划。作为热熔型标线施工工艺的核心环节，标线施划可分为热熔喷涂、热熔刮涂及热熔振荡三种施工方式。前两种方式主要用于热熔反光型标线的施划；第三种主要用于热熔突起型标线的施划。常见的热熔刮涂机见图4-51。

图 4-51　热熔刮涂机

4.2.4.3　标线维护

交通标线维护包括标线检查、保养维修及标线清除。

（1）标线检查。交通标线的检查包括定期检查、特殊检查、专项检查及日常巡查。检查项目包括完整性、外观质量、脱落面积、色度性能、反光性等。

（2）保养维修。交通标线的保养维修工作包括标线清洁、标线补划、标线重划、标线涂改等。标线清洁主要使用清水冲洗表面，可辅以适当的中性清洗剂。补划标线应先清扫路面，尽可能采用与原标线相同的材料进行补划，保持标线涂层均匀一致。标线脱落面积过大或逆反射亮度不足时应重划标线，且与原标线位置保持重合。标线涂改主要通过涂改材料覆盖原标线，但要满足颜色、防滑、耐磨等性能。

（3）标线清除。当交通设计方案发生变化时，应先对原标线进行清除，然后才能施划新标线。交通标线的清除主要有 4 种方法。一是机械清除：采用机械打磨、铣削、刨削等方法，多用于热熔型标线的清除。二是化学清除：利用脱漆剂将标线涂层剥离，可用于溶剂型标线的清除。三是高压水冲：利用高压水泵、喷枪等设备冲洗标线涂层，其对路面伤害较小，但成本较高。四是高速喷砂：利用喷砂机产生的高速砂流抛射标线涂层，目前行业内应用不多，未来值得关注。

4.3　信号控制设备

交通控制是指通过交通警察、交通标志、交通标线、交通信号灯等对交通流进行有效控制，使之有序运行，交通信号控制属于一种交通控制方式。交通信号控制是指利用信号灯控制交通流。交通信号控制设备主要包括信号灯、信号机、检测器等。

4.3.1　信号灯

早期的信号灯多使用白炽灯作为发光单元，耗电量大，损坏率高，而且亮度不足，特别是在恶劣天气条件下，使用效果较差。20 世纪 90 年代以后，LED（Light Emitting Diode）器件开始被作为信号灯的发光单元，并以其亮度好、寿命长、成本低的优势，迅速得到了全面推广。

4.3.1.1　信号灯分类

信号灯可按照光源种类、面罩规格、壳体材料及应用功能等进行分类。

（1）按照光源种类分类，信号灯可分为白炽灯、低压卤素灯、LED 灯等。

（2）按照面罩规格分类，信号灯可分为 Φ200mm 规格、Φ300mm 规格及 Φ400mm 规格。

（3）按照壳体材料分类，信号灯可分为钣金材质、压铸铝材质、型材铝材质、PC 材质等。

（4）按照设置形式分类，信号灯可分为固定式与移动式。

（5）按照应用功能分类，信号灯可分为机动车信号灯、非机动车信号灯、左转非机动车信号灯、人行横道信号灯、车道信号灯、方向指示信号灯、闪光警告信号灯、道口信号灯及掉头信号灯。其中，机动车信号灯、闪光警告信号灯及道口信号灯的显示信号无图案，非机动车信号灯、左转非机动车信号灯、人行横道信号灯、车道信号灯、方向指示信号灯及掉头信号灯的显示信号为图案。

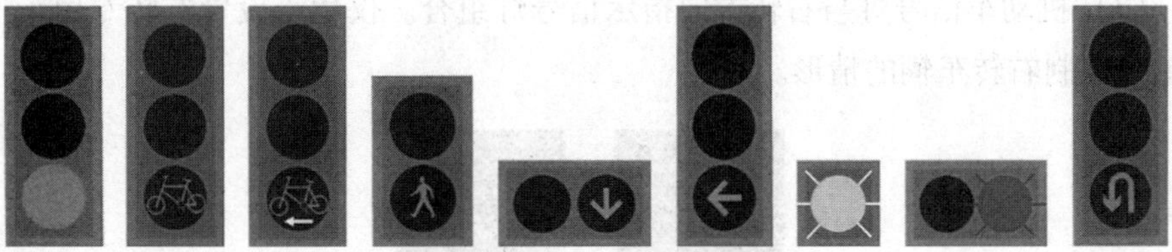

图 4-52 信号灯功能分类

4.3.1.2 信号灯组合

机动车信号灯、方向指示信号灯及非机动车信号灯竖向安装时灯色排列顺序由上到下为红、黄、绿；横向安装时灯色排列顺序由左到右为红、黄、绿。人行横道信号灯采用竖向安装方式，灯色排列顺序由上到下为红、绿。

由于交叉口渠化设计与控制规则的复杂性，机动车信号灯与方向指示信号灯通常需要组合使用。

（1）机动车信号灯单独使用。常用于左转车辆较少、不需要设置左转专用信号相位的情形，或用于直、左共用车道。

（2）机动车信号灯与左转方向指示信号灯组合。常用于设有左转专用车道、左转车辆较多，需设置左转专用信号相位的情形。

图 4-53 机动车信号灯与左转方向指示信号灯组合

（3）机动车信号灯与右转方向指示信号灯组合。仅用于设置右转专用车道，需单独控制右转车辆的情形。

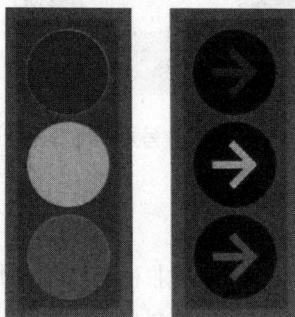

图 4-54 机动车信号灯与右转方向指示信号灯组合

（4）机动车信号灯与左、右转方向指示信号灯组合。仅用于设置左转、右转专用车道，需单独控制左转、右转车辆的情形。

图 4-55 机动车信号灯与左、右转方向指示信号灯组合

（5）左、直、右转方向指示信号灯组合。仅用于设置左转、右转专用车道，需对左转、直行及右转进行多相位控制的情形，且应设置非机动车信号灯、人行横道信号灯。

图 4-56 左、直、右转方向指示信号灯组合

此外，对于设置专用掉头车道的情形，如果需对掉头车辆进行控制，则可在上述信号灯组合形式的基础上，增设掉头信号灯；对于设置快速公交、有轨电车等专用车道的情形，如果有对其单独控制的需求，则可设置专用信号灯。

4.3.2　信号机

交通信号控制机简称信号机，见图 4-57。作为信号控制系统的核心设备，信号机也是信号控制功能实现的中枢神经。信号机负责分析、控制、管理交通信号灯的运行，以确保道路交通的安全与效率。

图 4-57　交通信号机

4.3.2.1　分类

信号机可按照应用功能分为 A 类信号机、B 类信号机及 C 类信号机。

（1）A 类信号机。A 类信号机应具备黄闪控制、多时段控制及手动控制功能。

（2）B 类信号机。B 类信号机应具备黄闪控制、多时段控制、手动控制、感应控制及无电缆协调控制功能。

（3）C 类信号机。C 类信号机应具备黄闪控制、多时段控制、手动控制、感应控制、无电缆协调控制、联网控制、单点优化控制、公交优先控制及紧急优先控制功能。

4.3.2.2　构成

（1）控制单元。作为信号机的核心部分，控制单元负责处理基础交通信息，根据预设的控制策略或实时交通状况制定信号配时方案。控制单元包含处理器、存储器等设备，用于完成计算、存储等工作。

（2）操作单元。操作单元用于人机交互，可输入控制指令、调整控制参数或查询控制状态，也可显示当前的交通状况、信号状态及故障信息。

（3）监测单元。监测单元负责监视信号机的运行状态及所连接设备的工作情况，确保信号机可以正常工作。

（4）供电单元。供电单元为信号机提供稳定的电力供应，通常包括转换电路、保护电路等，可防止电力波动或突然断电对信号机造成损害。

（5）接口单元。接口单元用于连接各种外部设备，如检测器、摄像头、信号灯、倒计时器等。通过输入接口信号机可实时获取交通数据；通过输出接口信号机可将指令发送给其他设备。

此外，对于不同的信号控制系统，信号机还可能包括一些其他的辅助单元，如通信单元、检测单元、时间单元等。

4.3.2.3　功能

（1）数据处理。通过输入接口获取实时的交通数据，如交通量、速度、占有率等，并对数据按照控制需求进行分析处理。

（2）控制方案制定。依据交通数据处理结果，或预设的信号控制策略，形成信号配时方案。

（3）控制方案运行。通过输出接口控制信号灯的显示，包括绿灯时长、红灯时长、黄灯时长等。

（4）系统故障检测。一旦检测到故障或冲突，就会触发相应的处理机制，如启动黄闪模式、发送故障信息等。

（5）实时通信。信号机通常具备通信功能，可与控制中心或其他信号机进行实时通信，实现联网控制、协调控制等功能。

4.3.3　信号设置

交通控制信号的设置一旦出现问题，不仅容易形成交通冲突，导致交通事故，还可能带来交通事故定责的争议。下面举例说明交通控制信号设置需要注意的问题。

（1）采用复合灯。目前，在中小城市、乡镇、城郊公路等位置还有大量的复合信号灯被使用，不但不符合相关技术标准的规范性要求，而且可能影响道路使用者的正常识别，同时会增加信号灯的故障率，如图4-58所示。

图4-58 方向指示信号灯采用复合灯

（2）显示图案不规范。一些老旧的信号灯存在显示异样图案的情况，如混合箭头方向指示信号灯、手掌状人行横道信号灯等，容易引起道路使用者的误解，如图4-59所示。

图4-59 混合箭头方向指示信号灯

（3）灯色转换不规范。各种信号灯都有严格的灯色转换规则，但在实际信号控制中仍存在灯色转换不规范的情况，如"红→黄→绿→红"的灯色变化顺序。

（4）信号灯位置不合理。信号灯一般设置在出口位置，但在畸形交叉口或受施工条件影响，容易出现位置不合理的情况。如受施工条件影响，信号灯可能设置在对向进口右侧，从而导致驾驶人不易识别，如图4-60所示。

图4-60　信号灯设置在对向进口右侧

（5）信号灯方位不合理。信号灯方位的设置应使相应方向的驾驶人具有充分的视认性，且应尽量避免其他方向的驾驶人视认，否则容易引起驾驶人的误解，如图4-61所示。为避免偏光效应，可加长信号灯遮沿、调整信号灯角度或调整信号灯位置。

图 4-61　信号灯偏光效应

（6）信号灯组数量不足。信号灯组数量不足的情况大多出现在双向 6 车道及以上道路。由于道路宽度较大，一旦信号灯组数量无法满足覆盖要求，靠左侧车辆的驾驶人视线易被右侧车辆遮挡，如图 4-62 所示。

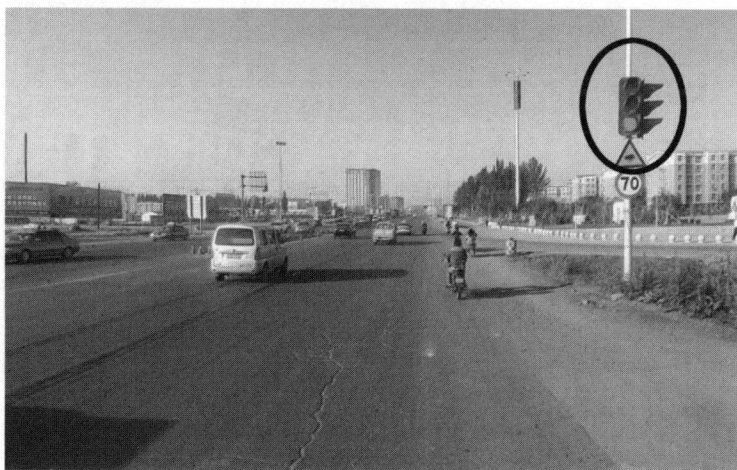

图 4-62　信号灯组数量不足

（7）信号灯显示冲突。一旦信号灯显示信息出现路权冲突，就很容易导致交通事故，这也是信号控制需要杜绝的问题。在实际中，方向指示信号灯与其他信号灯之间的冲突现象相对较多，如图 4-63 所示。

图 4-63 方向指示信号灯与人行横道信号灯冲突

（8）人行横道信号灯缺失。在信号控制交叉口处，如果施划有人行横道标线，则应设置人行横道信号灯。我国城市道路交叉口人行横道信号灯缺失问题比较普遍，从而造成一定的行人过街安全隐患，如图 4-64 所示。

图 4-64 人行横道信号灯缺失

（9）其他规范性问题。除上述各种问题外，还有一些常见的交通控制信号设置问题需要交通、交管、城建等部门关注。例如，信号灯损坏、信号灯遮挡、信号灯发光单元残缺、倒计时嵌入黄灯单元等，本书不再一一罗列。

4.3.4　设备安装、施工及维护

4.3.4.1　信号灯安装

信号灯的安装方式主要包括悬臂式、立柱式、门架式及附着式。

（1）悬臂式。

悬臂式 1：适合于支路，一般安装 1~2 组信号灯；

悬臂式 2：适合于干路，一般安装 2 组以上信号灯；

悬臂式 3：适合于分隔带较宽、进口车道较多的主干路；

悬臂式 4：适合于进口车道不多的次干路，信号灯一般横向安装。

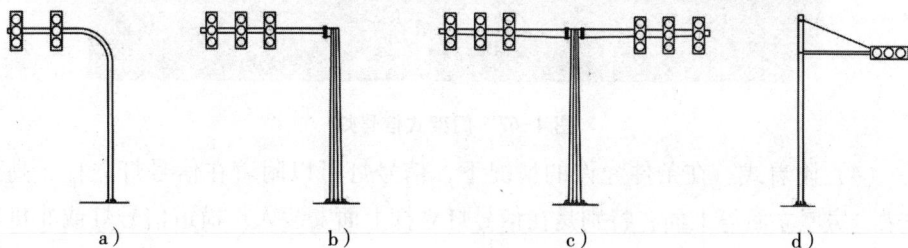

a)　　　　　　b)　　　　　　c)　　　　　　d)

图 4-65　悬臂式信号灯

（2）立柱式。一般适用于支路，或安装在道路两侧，也常用于辅助信号灯。

图 4-66　立柱式信号灯

（3）门架式。一般适用于车道信号灯，安装在潮汐车道、隧道入口等上方。

图 4-67　门架式信号灯

（4）附着式。在条件允许的情况下，信号灯可以附着在信号灯立杆、高架桥梁、房屋立面等上面，特别是在信号灯立杆上面安装人行横道信号灯或非机动车信号灯的情况较多。

图 4-68　附着式信号灯

信号灯安装数量的确定主要考虑指示车道数量、指示车道间隔、到停止线距离、交叉口几何结构等因素。

（1）指示车道数量。如果安装在出口的某组信号灯指示车道较多，则应根据实际情况增加 1 组或多组信号灯。

（2）指示车道间隔。如果某个进口设置有多条行进方向相同车道且有不相邻车道，则应根据实际情况增加 1 组或多组信号灯。

（3）到停止线距离。如果信号灯距离停止线过远，如大于 50m，则应根据实际情况适当增设信号灯组。

（4）交叉口几何结构。对于畸形交叉口，如果某组信号灯的视认效果不良，则应根据实际情况适当增设信号灯组。

信号灯一般安装在出口道右侧、对向进口道右侧、机非分隔带内、出口中央分隔带内、导流岛内等位置。

（1）出口道右侧。对于未设置机非分隔带的道路，信号灯首选设置在出口道右侧。

（2）对向进口道右侧。对于未设置机非分隔带的道路，如果道路较宽，或信号灯距离停止线过远，抑或道路限速值较高，则可在对向进口道右侧额外增设 1 个信号灯组，如图 4-69 所示。

图 4-69　对向进口道右侧额外增设信号灯组

如果道路较窄且信号灯采用立柱式安装方式，则应在对向进口道右侧额外增设 1 个信号灯组。

（3）机非分隔带内。对于设置有机非分隔带的道路，信号灯首选设置在出口机非分隔带内，如图 4-70 所示。

图 4-70　出口机非分隔带内设置信号灯

对于设置有机非分隔带的道路，如果道路较宽，或信号灯距离停止线过远，抑或道路限速值较高，则可在对向进口道机非分隔带内额外增设 1 个信号灯组，如图 4-71 所示。

图 4-71　对向进口道机非分隔带增设信号灯组

（4）出口中央分隔带内。对于设置有中央分隔带的道路，如果道路较宽，或信号灯距离停止线过远，抑或道路限速值较高，则首选在出口中央分隔带内额外增设 1 个信号灯组，如图 4-72 所示。

图 4-72　出口中央分隔带内增设信号灯组

（5）导流岛内。如果交叉口内设有导流岛，则可在导流岛内设置信号灯，如图 4-73 所示。

图 4-73　导流岛内设置信号灯

此外，信号灯的安装位置还有几种常见情形，如涉及三路交叉口、环形交叉口、左转待转区等场景的信号灯以及非机动车信号灯、人行横道信号灯、车道信号灯等其他类型信号灯的安装位置均有特定要求。

（1）T形交叉口。T形交叉口垂直方向（或其他结构的三路交叉口）的信号灯宜设置在进口道正对的路侧适当位置，如图4-74所示。

图4-74 T形交叉口垂直方向信号灯设置

（2）环形交叉口。环形交叉口在几何结构上可视为若干T形交叉口的组合，所以信号灯的安装位置可参考T形交叉口的情况。环形交叉口信号灯设置如图4-75所示。

a）进口信号灯　　　　　　　　　　b）环道信号灯

图4-75 环形交叉口信号灯设置

（3）左转待转区。对于设置有左转待转区的大型交叉口，如果进入左转待转区的车辆不易观察信号灯，则可在适当位置额外增设 1 个信号灯组，如图 4-76 所示。

图 4-76　左转待转区方向增设信号灯组

（4）非机动车信号灯。对于未设置机非分隔带的道路，非机动车信号灯首选附着在常规信号灯杆上。对于设置有机非分隔带的道路，非机动车信号灯应视机非分隔带的宽度选择附着在常规信号灯杆上、借用机非分隔带内信号灯杆或单独立杆设置在适当位置，如图 4-77 所示。

a）附着式　　　　　　　b）悬臂式　　　　　　　c）立柱式

图 4-77　非机动车信号灯设置

（5）人行横道信号灯。在正常情况下，人行横道信号灯的位置应正对人行横道。如果采用行人二次过街控制方式，则应在行人过街安全岛内增设人行横道信号灯，如图 4-78 所示；如果允许行人等候的导流岛面积较大，则应在导流岛内增设人行横道信号灯，如图 4-79 所示。

图 4-78　行人过街安全岛内增设人行横道信号灯

图 4-79　导流岛内增设人行横道信号灯

（6）车道信号灯。车道信号灯应尽量设置在所控车道的正上方。潮汐车道设置的车道信号灯应与常规信号灯保持足够的距离，避免二者间产生视认的相互影响，如图 4-80 所示。

图 4-80 潮汐车道信号灯设置不合理

4.3.4.2 工程施工

（1）信号灯杆施工。用于指挥机动车通行的信号灯杆大多采用钢质材料，具体为经热镀锌处理的圆形或多棱形钢管。杆体距离地面 0.3~1m 处应留有穿线孔，并需配备防水檐、盖板及固定螺钉。安装信号灯具处应留有出线孔，并配备橡胶护套、电缆回水弯挂钩。灯杆顶部安装塑料或经防腐处理的金属防水管帽，灯杆底部焊接法兰盘，法兰盘与杆体之间均匀焊接加强筋。

非机动车信号灯杆大多采用圆形热镀锌钢管制作，杆体距离地面 0.3~0.8m 处应留有穿线孔。

人行横道信号灯杆大多采用圆形热镀锌钢管制作，杆体距离地面 0.2~0.5m 处应留有穿线孔。

钢质灯杆、法兰盘、地脚螺栓、螺母、垫片、加强筋等金属构件以及悬臂、支撑臂、拉杆、抱箍座、夹板等附件的防腐性能均应符合《公路交通工程钢构件防腐技术条件》（GB/T 18226—2015）的有关规定。

悬臂杆大多使用圆形或多棱形渐变截面型材制作，并与灯杆通过法兰盘进行连接，悬臂杆下留有进、出线孔。拉杆大多使用圆钢制作，一端配有可调距离的螺旋扣，直径、长度等根据悬臂长度确定。支撑臂使用抱箍、抱箍座与灯杆连接固定。拉杆与灯杆、拉杆与悬臂、支撑臂与悬臂使用夹板连接固定。安装时使用的固定螺栓、螺母、垫圈等应使用热镀锌件，并用弹簧垫圈压紧。

在灯杆的施工过程中，通常采用地锚混凝土基础。地脚螺栓的上端为螺纹，下端为夹角小于60°的折弯或其他类似防拔结构，地脚螺栓焊接在下法兰盘上。预埋穿线管内径应大于50mm，弯曲角度应大于120°。信号灯杆保护接地电阻应小于10Ω。信号灯杆安装时保证杆体垂直，倾斜度不得超过±0.5%。

（2）信号机柜施工。信号机柜基础位置的选择应不妨碍道路使用者通行、不遮挡道路使用者视线，且应方便连接电源。

为使信号机现场操作简单，同时降低机柜内的潮湿程度，应将信号机柜安装在高出地面500mm的钢座上。

在制作水泥基础时，采用模板固定4个地脚螺栓，保证水泥基础的安装尺寸保持不变。基础中心留有进线孔，下通进线窨井。窨井内设有接地桩，接地电阻一般小于4Ω。

信号机底面应与安装基础之间加垫5mm厚度的橡胶板，防止雨水侵入。固定信号机的螺钉与螺栓之间应加垫圈，防止金属锈蚀。

安装完成的信号机柜必须稳定牢固，保持柜体垂直且无明显形变，柜门可以开关自如。

（3）信号线缆敷设。每个信号灯发光单元应单独使用一根电缆导线连接信号机。信号灯电缆尽量采用地下敷设方式，每根电缆线留有余量。无法采用地下敷设方式时可采用架空电缆线的敷设方式。

电缆线使用芯线标称面积不小于$0.75mm^2$的铜芯、绝缘及护套。每根电缆线留有1~4股备用芯线。采用绝缘层颜色易与灯色相对应的芯线，便于安装维护。

地下敷设的电缆线严禁有接头，宜使用公称直径50~100mm的内套耐腐衬管热镀锌钢管或硬质塑料管。一般钢管用于车行道，硬质塑料管用于人行道。线管接头处使用套管固定，并应包有足够强度的混凝土防护层。使用硬质塑料管时，硬质塑料管周围包有足够强度的混凝土防护层。地下电缆线管的埋置深度为其顶部距离路面不小于50cm；若电缆需要穿过车行道，则埋置深度不小于70cm。地下电缆线管拐弯处或长度超过50m时应设置手井。手井的深度应在70~90cm，底部应设有渗水孔。手井管道口高于手井底20cm，探出井壁不大于5cm，且井中电缆应做盘留。地下电缆线避免与通信、检测器等电缆使用同一管道。

架空敷设的电缆线净空高度不得低于6m，且应使用钢绞线将电缆线吊起。

架空电缆线在信号机的引出位置 2.5m 以下使用钢质线管，线管的顶部应有倒 U 形回水弯或安装防水出线管帽。

4.3.4.3　设备维护

信号控制设备维护包括定期巡检、故障处理及升级改造。

（1）定期巡检。定期巡检的频率取决于多种因素，包括信号灯使用频率、所在地区交通量、信号灯安装位置、空白期天气条件等。一般而言，城市繁忙交叉口信号控制设备需要保持较高的巡检频率。

定期巡检的内容主要包括外观检查、功能检查、位置检查、线路检查及系统检查等。外观检查主要检查信号灯具、杆件、机柜等外观是否完好，有无破损、变形或褪色等。功能检查主要检查信号灯信号显示、灯色切换、黄灯闪烁等功能是否正常。位置检查主要检查移动信号灯位置、固定信号灯方位及信号灯是否被遮挡。线路检查主要检查信号灯线缆是否完好，有无老化、破损、裸露等。系统检查主要检查信号机与信号控制系统是否运行正常，有无故障、异常等。

巡检人员应详细记录每次巡检的情况，包括巡检时间、地点、内容、问题及处理措施等，并将发现的问题及时上报。

（2）故障处理。一旦发现信号灯存在故障，首先需要确定故障类型、发生位置及严重程度。在排除信号灯本身存在的问题后，需要检查电源供应是否正常，如果电源供应存在问题，需要及时修复或更换。如果电源供应正常，但信号灯仍然无法正常工作，则需检查信号机是否正常。如果信号机出现故障，则需及时更换或修复。如果仍不能解决故障，则应检查信号灯线路、灯泡、电缆等是否存在问题。

（3）升级改造。作为电气化交通设备，信号控制设备技术更新速度较快。信号控制设备升级改造主要包括联网联控、速度诱导、数据传感、数据分析、能耗管理、设备监测、智能网联等内容。

4.4　其他设施

在交通管理工作中，除交通标志、交通标线、信号灯等常见交通管理设施外，还涉及防护、防眩、隔离、诱导、监控等交通管理设施。

4.4.1 护栏

护栏作为一种纵向吸能结构，通过自身变形或车辆爬高吸收碰撞能量，可以改变车辆行驶方向、阻止车辆驶出路外、避免车辆进入对向车道、降低交通事故损害程度。

4.4.1.1 护栏分类

（1）按照纵向位置分类，护栏可分为：路基护栏，即设置于路基上面的护栏；桥梁护栏，即设置于桥梁上面的护栏。

（2）按照横向位置分类，护栏可分为：路侧护栏，即设置于路侧建筑界限以外的护栏，用于防止失控车辆驶出路外或碰撞路侧构造物；中央分隔带护栏，即设置于中央分隔带内的护栏，用于防止失控车辆穿越中央分隔带闯入对向车道，并保护中央分隔带内的构造物。

（3）按照护栏结构分类，护栏可分为：刚性护栏，即一种不容易变形的护栏结构，利用失控车辆碰撞后爬高、转向的特点吸收碰撞能量。混凝土护栏是最常见的刚性护栏，其以一定形状的混凝土块相互衔接而成，如图4-81所示。柔性护栏，即一种具有足够大缓冲能力的韧性护栏结构。缆索护栏是最常见的柔性护栏，其以数根缆索固定于立柱上面，依靠缆索的拉力吸收碰撞能量，如图4-82所示。半刚性护栏，即一种连续梁柱式护栏结构，利用土基、立柱及横梁的变形吸收碰撞能量。波形梁护栏是最常见的半刚性护栏，其以波纹状的钢护栏板相互拼接并由立柱支撑而成，如图4-83所示。

图4-81 混凝土护栏

图 4-82 缆索护栏

图 4-83 波形梁护栏

4.4.1.2 护栏设置原则

由于护栏本身也是一种路侧障碍物，所以并不是设置越多越好，也不是强度越高越好。一般只有实际净区宽度小于计算净区宽度，且车辆驶出路外碰撞护栏比不设置护栏的危害程度更轻时才有必要设置护栏。

路侧净区是指行车道边缘以外，地面平坦且无障碍物，车辆驶出行车道后可及时停车或重新返回的带状区域。路侧净区宽度包括硬路肩、土路肩及可利用的路侧边坡。在道路设计过程中，路侧净区宽度的确定主要考虑交通量、运行速度、边坡坡度、平面线形等因素。

车辆碰撞障碍物的危害程度可以采用"危害指数"进行定量描述。参考美国公路运输协会的规定（见表4-12），可将路侧危害指数从0到10划分为11个级别。"0级"表示车辆碰撞路侧障碍物后一般不会发生人员伤害；"10级"表示车辆碰撞路侧障碍物后发生人员死亡或重伤的可能性极高。

表4-12 常见路侧障碍物危害指数

障碍物类型	障碍物规格	设计速度（km/h）		
		≤70	80~90	≥100
护栏	缆索护栏	1.5	2	2.5
	波形梁护栏	2	2.5	3
	混凝土护栏（F型）	2	2.5	3.5
柱、杆、树	直径100mm	1	1.5	2
	直径200mm	3.5	4.5	5.5
	直径300mm	4	5	7
房屋、桥墩、山石	—	5	6	8

除防护路侧障碍物外，护栏一般也可降低车辆驶入路侧边沟、陡崖等危险地形造成的危害性。结合图4-84所示，常见路侧沟崖危害指数见表4-13。

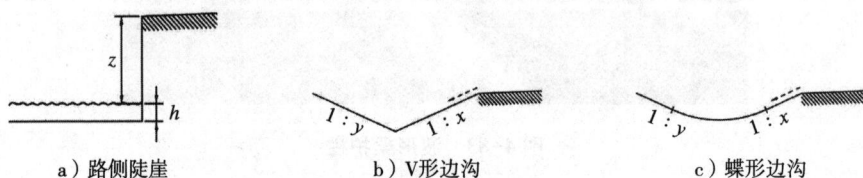

a）路侧陡崖　　　　b）V形边沟　　　　c）蝶形边沟

图4-84 路侧沟崖几何结构示意

表4-13 常见路侧沟崖危害指数

沟崖类型	沟崖规格		设计速度（km/h）		
			≤70	80~90	≥100
	h（m）	z（m）	危害指数		
路侧陡崖	≤1	0~6	3~7	3~7	3.5~8
	2	0~4	5.5~7.5	5.5~8	6~8.5

续表

沟崖类型	沟崖规格		设计速度（km/h）		
			≤70	80~90	≥100
	h（m）	z（m）	危害指数		
路侧陡崖	4	0~2	6.5~8	7~8.5	7.5~8.5
	≥6	—	9	9.5	9.5
	—	6~10	7~9.5	7~9.5	8~9.5
	—	≥10	10	10	10
	x	y	危害指数		
V 形边沟	>10	3	1	1.5	2.5
	10	4	1.5	2	3
	5	5	2	2.5	3
	4	10	1.5	2	2.5
	3	>10	0.5	1	2
	x	y	危害指数		
蝶形边沟	>10	3	0.5	1	2
	10	4	1	1.5	2.5
	5	5	1.5	2	2.5
	4	10	1	1.5	2
	3	>10	0	0.5	1

护栏设置主要遵循以下基本原则：

（1）只有具有相当防护能量（通常利用防护等级衡量护栏的防护能量，如表 4-14 所示），护栏才能抵抗车辆冲撞。

表 4-14　波形梁护栏防护等级规定

防护等级	一	二	三	四	五	六	七	八
代码	C	B	A	SB	SA	SS	HB	HA
防护能量（KJ）	40	70	160	280	400	520	640	760

（2）护栏应在刚度、结构、材料等方面具有碰撞能量的吸收作用，从而最大限度降低事故的严重程度。

（3）车辆碰撞护栏作为小概率事件，不可能不计成本提高护栏的技术标准，而应适当考虑成本效益比。

（4）护栏设置应与周边环境、交通设施等相协调，如不能侵入建筑界线、不能阻挡行人通行、不能遮挡其他设施等。

4.4.1.3 路基护栏

（1）路侧护栏。公路路侧净区内有高速铁路、Ⅰ级铁路、高速公路、一级公路、高压电线塔、危险品储藏仓库等时应设置路侧护栏。公路路侧净区内边坡坡度较大、路堤高度较大，或有深度较大的边沟、陡崖等，抑或有江、河、湖、海、沼泽等且水域较深时应视具体情况设置路侧护栏。较高等级公路路侧净区内有照明、监控、标志、屏障、桥墩、挖方、砌体、孤石等刚度较大障碍物时应视具体情况设置路侧护栏。较高等级公路路侧净区内隧道入口有检修道、路侧边沟无盖板、匝道三角地有障碍物等时应视具体情况设置路侧护栏。城市快速路不能提供足够的路侧安全净距时须设置路侧护栏，其他情形应视车辆冲出路外的事故风险考虑是否设置路侧护栏。城市主干路应视车辆冲出路外的事故风险考虑是否设置路侧护栏。次干路、支路一般不设置路侧护栏。

（2）中央分隔带护栏。高速公路整体式断面中间带宽度不超过 12m，或者 12m 宽度内有障碍物时须设置中央分隔带护栏。干线一级公路整体式断面中间带宽度不超过 12m，或者 12m 宽度内有障碍物时须设置中央分隔带护栏。集散一级公路整体式断面中间带应设置保障行车安全的隔离设施，并视具体情况设置中央分隔带护栏。较高等级公路采用分离式断面时应考虑通过设置路侧护栏防护左侧的行车安全。城市快速路的路基整体式断面中间带宽度不超过 12m 时须设置中央分隔带护栏，其他情形应视车辆冲出路外的事故风险考虑是否设置中央分隔带护栏。城市主干路应视车辆冲出路外的事故风险考虑是否设置中央分隔带护栏。

（3）路基护栏防护等级。按照《公路交通安全设施设计规范》（JTG D81—2017）的规定，公路路基护栏的防护等级应按表 4-15 所示选取。对因道路线形、运行速度、填土高度、交通量、交通构成等因素而易增加事故风险的路段，可视实际情况提高一个防护等级。

表4-15 公路路基护栏防护等级选取

道路等级	设计速度（km/h）	事故严重程度		
		低	中	高
高速公路	120	三级	四级	六级
	100			五级
	80			
一级公路	100	三级	四级	五级
	80			
	60	二级	三级	四级
二级公路	80	二级	三级	四级
	60	二级	三级	四级
三级公路	40	一级	二级	三级
	30	一级	一级	二级
	20	一级	一级	二级
四级公路	40	一级	二级	三级
	30	一级	一级	二级
	20	一级	一级	二级

按照《城市道路交通设施设计规范》（GB 50688—2011）的规定，城市道路的路侧护栏防护等级应按表4-16所示选取；中央分隔带护栏防护等级应按表4-17所示选取。

表4-16 城市道路路侧护栏防护等级选取

道路等级	设计速度（km/h）	使用条件			
		一般路段	中等风险	较高风险	高风险
快速路	100	三级	四级	五级	六级
	80	三级	四级	五级	六级
	60	二级	三级	四级	五级

续表

道路等级	设计速度（km/h）	使用条件			
		一般路段	中等风险	较高风险	高风险
主干路	60	二级	三级	四级	五级
	50	二级	三级	四级	五级
	40	—	二级	三级	四级

表 4-17　城市道路中央分隔带护栏防护等级选取

道路等级	设计速度（km/h）	使用条件	
		一般路段	特殊路段
快速路	100	四级	五级
	80	三级	四级
	60	二级	三级
主干路	60	二级	三级
	50	二级	三级

为确保路基护栏整体的防护等级，迎交通流的护栏端头应按要求进行外展或设置缓冲设施。

不同防护等级或不同结构形式的路基护栏之间连接时应进行过渡段设计，且过渡段的防护等级应不低于相接护栏的防护等级。

（4）路基护栏形式。按照结构分类，路基护栏可分为刚性护栏、柔性护栏及半刚性护栏三大类，每类护栏又可根据层数、材质、形状等分为多种形式。

在选择路基护栏形式时，主要考虑防护等级、变形量、施工条件、通用性、交通构成、成本、养护、美观性、环境协调性等因素。例如，若护栏距离障碍物较近，则适合于刚度较强的护栏；若碰撞护栏交通事故多发，则适合于养护难度较小的护栏；若冬季的风雪较大，则适合于雪阻较小的护栏。

（5）路基护栏最小结构长度。路基护栏的最小结构长度应由车辆轨迹、净区宽度及障碍物的位置、宽度等因素决定。按照《公路交通安全设施设计规范》（JTG D81—2017）的规定，路基护栏的最小结构长度见表 4-18。

表 4-18　路基护栏最小结构长度

道路等级	护栏类型	最小长度（m）
高速公路	波形梁护栏	70
	混凝土护栏	36
	缆索护栏	300
一级公路	波形梁护栏	70
	混凝土护栏	36
	缆索护栏	300
二级公路	波形梁护栏	48
	混凝土护栏	24
	缆索护栏	120
三级公路	波形梁护栏	28
	混凝土护栏	12
	缆索护栏	120
四级公路	波形梁护栏	28
	混凝土护栏	12
	缆索护栏	120

4.4.1.4　桥梁护栏

（1）桥梁护栏防护等级。按照《公路交通安全设施设计规范》（JTG D81—2017）的规定，公路桥梁护栏的防护等级应按表 4-19 所示进行选取。

表 4-19　公路桥梁护栏防护等级选取

道路等级	设计速度（km/h）	事故严重程度		
		低	中	高
高速公路	120	—	五级	六级
	100	—	四级	五级
	80	—	四级	五级

续表

道路等级	设计速度（km/h）	事故严重程度		
		低	中	高
一级公路	100	—	四级	五级
	80	—	四级	五级
	60	—	三级	四级
二级公路	80	—	三级	四级
	60	—	三级	四级
三级公路	40	—	二级	三级
	30	—	二级	三级
四级公路	20	—	二级	三级

对于连续长下坡路段、桥梁高度超过30m、总质量超过25t车辆比例大于20%等情况，可在表4-19基础上视情况提高一个防护等级。

此外，跨越大型饮用水水源一级保护区、高速铁路等桥梁以及特大悬索桥、斜拉桥等缆索承重桥梁的护栏防护等级宜为八级。

城市道路供机动车行驶的桥梁外侧应设防撞护栏。对于设置有机非分隔带的道路，桥侧护栏首选设置在机非分隔带内。

按照《城市道路交通设施设计规范》（GB 50688—2011）的规定，城市道路的桥梁护栏防护等级应按表4-20所示选取。

表4-20　城市道路桥梁护栏防护等级选取

道路等级	设计速度（km/h）	使用条件			
		低风险	中等风险	较高风险	高风险
快速路	100	三级	四级	五级	六级
	80	三级	四级	五级	六级
	60	二级	三级	四级	五级
主干路	60	二级	三级	四级	五级
	50	二级	三级	四级	五级
	40	二级	二级	三级	四级

次干路、支路桥梁护栏防护等级可按表 4-20 中设计速度 40km/h 的主干路所对应标准选取。

城市道路的小桥、涵洞及通道的路侧护栏应与相接路基护栏保持一致。

（2）桥梁护栏形式。按照结构分类，桥梁护栏可分为刚性护栏、半刚性护栏及二者组合形式护栏。刚性桥梁护栏主要有 F 型、单坡型、梁柱式等混凝土护栏；半刚性桥梁护栏主要有金属梁柱式护栏、双层波形梁护栏、三层波形梁护栏等。

在选择桥梁护栏形式时，主要考虑防护等级、变形量、桥梁结构、交通构成、养护、美观性、环境协调性等因素。

（3）桥梁护栏有效高度。桥梁护栏有效高度是指车辆冲撞护栏时抗力点距离桥面的高度。不同于刚性护栏，半刚性护栏或组合形式护栏的抗力点一般不在护栏的最顶端，而是略低于顶端的位置。因此，在确定桥梁护栏的最小高度时，重点考虑护栏的有效高度。同时，在确定桥梁护栏的最大高度时，避免失控车辆的乘客头部直接撞击护栏。

4.4.2　防眩设施

眩光是指在驾驶人视野范围内，由于亮度或其分布不当，出现时间或空间上亮度的较大反差，导致驾驶人视觉机能迅速降低的现象。眩光的成因主要有对向来车前照灯、直射太阳光、道路照明光源、交通设施配光、路域广告发光或其他物体表面发射光。

防眩设施作为一种防止眩光的交通设施，通过避免或减小对向来车前照灯的眩光影响，从而保证交通安全与舒适性。

4.4.2.1　防眩设施分类

防眩设施可分为防眩板、防眩网及植物防眩等形式，如图 4-85 所示。不同形式防眩设施的对比见表 4-21。

a）防眩板 　　　　　　　　 b）防眩网 　　　　　　　　 c）防眩木

图 4-85　常见防眩设施

表 4-21　不同形式防眩设施对比

评价指标	防眩板	防眩网	植物防眩	
			密集型	间距型
防眩有效性	好	差	较好	
心理影响	小	较小	小	大
施工难度	易	难	较难	
养护难度	小	小	大	
通视性	好	好	差	较好
经济性	好	较差	差	好
风阻	小	大	大	
积雪	轻	重	重	
景观协调性	差	较好	好	

4.4.2.2　防眩设施设置原则

防眩设施一般设置在高速公路、一级公路及城市快速路中央分隔带内，多与中央分隔带护栏配合设置。

对于如下几种情况，一般无须设置防眩设施：

（1）中央分隔带宽度超过 9m；

（2）上下行车道高差超过 2m；

（3）中央分隔带内有连续照明设施。

若不符合上述条件，则应考虑中央分隔带宽度、上下行车道高差、道路照明条件、交通量、交通构成、道路线形等因素，综合确定是否设置防眩设施，并且合理界定设置范围。

为保证防眩效果，设置防眩设施还应注意以下几点：

（1）防眩设施的设置不能影响停车视距；

（2）避免两段防眩设施中间留有较短距离的间隙；

（3）防眩设施的结构形式、设置高度、设置位置等发生变化时应设置渐变段；

（4）防眩设施与护栏配合设置时应结合防风、防雪、防眩等综合要求，考虑组合结构的合理性；

（5）坡道段的防眩设施设置容易出现漏光现象（凸曲线段的防眩设施下方，凹曲线段的防眩设施上方），此时可通过调整防眩设施高度、长度、位置或种植高度适当的植物解决问题，如图 4-86 所示，凹曲线段通过种植更高的树木解决防眩漏光问题。

图 4-86 凹曲线段防眩漏光解决办法

4.4.3 隔离设施

隔离设施的设置主要是为防止行人、动物、车辆等非法进入特定区域，造成交通安全隐患，同时也可有效避免横向干扰，保证良好的交通运行秩序。

4.4.3.1 隔离设施分类

（1）按照设置形式分类，可分为：固定式隔离设施，即通过基础部件固定在地面的隔离设施；移动式隔离设施，即根据交通管理需求放置在地面的可移动隔离设施。

（2）按照应用功能分类，可分为隔离栅、隔离栏、隔离柱。

隔离栅：用于隔离、划分或保护特定区域的隔离设施，一般设置高度大且有连续性，包括金属网、刺铁网、常绿篱及隔离墙等形式。

图 4-87　隔离栅

隔离栏：用于分隔机动车、非机动车、行人等，维护通行秩序的隔离设施，包括机动车隔离栏、机非隔离栏及行人隔离栏。

图 4-88　隔离栏

隔离柱：用于分隔、警示、渠化等，按照一定间距设置的柱状隔离设施。

图 4-89　隔离柱

4.4.3.2　隔离设施设置原则

（1）隔离栅。除以下几种情况外，高速公路、干线一级公路及城市快速路沿线两侧一般要求设置隔离栅，其他等级道路可视实际情况而定。

情况 1：路侧有水渠、池塘、湖泊、山体、挖方等天然屏障；

情况 2：路侧有较高的挡土墙、边坡、砌石等障碍物；

情况 3：桥梁、隧道等构造物除桥头、洞口等不符合隔离条件的部分。

隔离栅的制作材料、形状结构、设置位置及设置长度应视气候、环境、地形等因素确定。公路隔离栅的设置高度一般不低于 1.5m；城市道路隔离栅的设置高度一般不低于 1.8m。

（2）隔离栏。为规范交通秩序，双向 4 车道及以上的城市道路通常适合于设置中央隔离栏；桥梁、高架路、立交、隧道双向通行的出入口与地面城市道路衔接段通常适合于设置中央隔离栏；如果设有中央分隔带的城市道路行人违法横穿现象比较严重，则可考虑设置中央隔离栏。

对于交叉口、人行横道、掉头开口处等易形成交通流冲突的位置，应将中央隔离栏的高度逐渐降低，如图 4-90 所示。

图 4-90 阶梯式中央隔离栏

对于禁止机动车交织的路段，或专用车道与普通车道分隔路段，可设置同向车道隔离栏，如图 4-91 所示。

图 4-91 出租车专用车道隔离栏

对于双向 4 车道及以上机非共板的城市道路，如果非机动车道宽度足够大，则适合于设置机非隔离栏；单行路中与机动车对向通行的非机动车道适合于设置机非隔离栏；机非共板的城市道路交叉口范围适合于设置机非隔离栏。

车站、码头、商场、医院等大型公共场所附近及人行天桥、地下通道等行人聚集区域的车行道边，适合于沿路缘石设置行人隔离栏；城市道路交叉口范围的人行道边，适合于在人行横道两侧沿路缘石设置行人隔离栏。

（3）隔离柱。快速路主线与集散车道之间，若未设置分隔带，则适合于连续设置隔离柱；在未设置中央分隔带的行人过街安全岛边缘适合于设置隔离柱；快速路或互通式立交的匝道分流、合流位置适合于连续设置隔离柱；临时分隔道路、分隔危险区、收费口等位置适合于连续设置隔离柱。

4.4.4　视线诱导设施

视线诱导设施沿着行车道的两侧设置，用于指示行车方向、道路线形、车道边界及危险路段，从而诱导驾驶人安全行驶。尤其是在夜间行车，视线诱导设施可清晰显示道路轮廓，大大降低车辆偏离行车道的风险。

4.4.4.1　视线诱导设施分类

视线诱导设施主要包括轮廓标、线形诱导标、突起路标等类型。轮廓标主要用于指示道路的线形轮廓；线形诱导标主要用于引导道路的行车方向；突起路标主要用于指示车道边界、危险路段等。各种类型的视线诱导设施如图 4-92 所示。

a）隧道轮廓标　　　　　　b）线形诱导标　　　　　　c）太阳能道钉

图 4-92　常见视线诱导设施

4.4.4.2　视线诱导设施设置原则

（1）轮廓标。轮廓标可以独立设置，也可附着于护栏、隧道等其他设施。

高速公路、一级公路、城市快速路主线及其互通式立交、服务区、停车区等进出匝道应连续设置轮廓标。

其他等级道路视距条件不良路段、设计速度较大路段、线形变化较大路段及交通事故多发路段应视实际情况连续设置轮廓标。

隧道侧壁应连续设置轮廓标，必要时可设置轮廓带。隧道内若有高出路面的检修道，则应在检修道顶部靠近行车道方向适当位置设置轮廓标。

轮廓标设置的间距不应大于 50m，路基宽度、车道数量、道路线形等有变化时应适当进行加密设置。

此外，还需要注意轮廓标设置的位置、高度及反射体的颜色、尺寸、角度、反光性等。

（2）线形诱导标。线形诱导标一般设置在弯道外侧、环形交叉口、T 形交叉口、中央隔离设施端头、渠化设施端部、施工路段起点等位置。

线形诱导标设置的位置、角度及数量应视曲线半径、曲线长度、路段转角等因素确定，但应保证至少设置 3 块诱导标，且驾驶人至少同时看到 3 块诱导标。

线形诱导标可以单独使用，也可将几个导向符号组合起来使用；设置于中央隔离设施、渠化设施等端部的线形诱导标应为竖向设置；双向 2 车道公路、T 形交叉口等可将两个方向的线形诱导标进行并设。特殊形式的线形诱导标形式如图 4-93 所示。

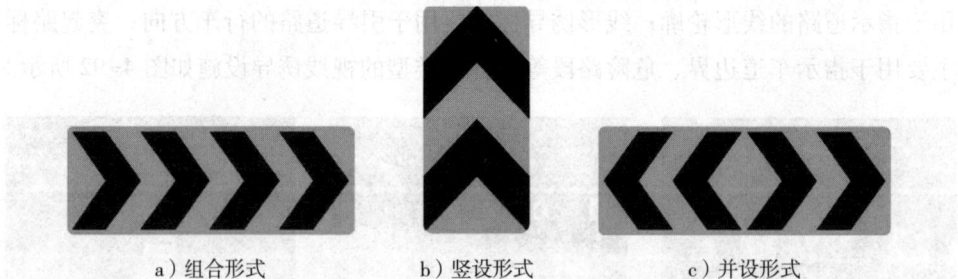

a）组合形式　　　　b）竖设形式　　　　c）并设形式

图 4-93　线形诱导标特殊设置形式

（3）突起路标。突起路标作为车道分界线单独使用时布设间距宜为 1~1.2m；作为减速标线单独使用时布设间距宜为 30~50cm。突起路标在与分界线配合使用时布设间距宜为 6~15m，一般设置在交通标线的空隙当中，如图 4-94 所示。

图 4-94 突起路标与分界线配合设置示意

突起路标在与进出口匝道标线、导流标线、渐变段标线、障碍物标线等配合使用时布设间距宜为 3~6m，如图 4-95 所示。

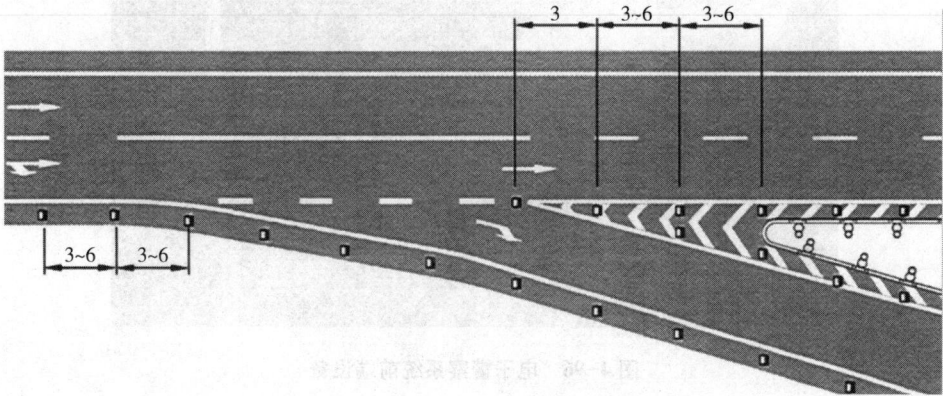

图 4-95 出口匝道突起路标设置示意

4.4.5 交通监控设备

交通监控系统主要利用安装在道路附近的摄像头、闪光灯等前端设备，捕获道路交通的实时画面，并将其传输到监控中心进行存储、处理及发布，从而实现交通监视、安全监管、违法查处等功能。

4.4.5.1 系统分类

交通监控系统主要包括电子警察系统、卡口系统及视频监控系统等。

电子警察系统也称为交通违法自动记录系统，主要用于闯红灯、超速、不按车道行驶等交通违法行为的自动取证。

卡口系统也称为车辆智能监测记录系统，主要用于发现肇事车辆、违法车辆、黑名单车辆等。

视频监控系统也称为闭路电视系统，主要用于掌握道路交通实时运行状况，以便交通管理部门针对交通事故、交通拥堵、突发事件等及时作出响应。

4.4.5.2 电子警察系统

电子警察系统监摄的交通违法行为较多，其中闯红灯、超速、不按车道行驶、逆向行驶等发生频率较高，而且查处的必要性较大。

图4-96 电子警察系统前端设备

城市主干路、一级公路及二级公路的信号控制交叉口应设置闯红灯自动记录系统，其他等级道路的信号控制交叉口可视情况设置。闯红灯自动记录系统前端设备的设置建议如下：

（1）进口车道数量不超过3条时可采用立柱式支撑结构，宜架设于停止线前10～20m；

（2）进口车道数量达到3条及以上时应采用悬臂式支撑结构，宜架设于停止线前14～25m；

（3）视场上边线包含信号灯态，下边线包含停止线，左右边线包含所有受控车道，且摄像头不被植物、设施等障碍物遮挡；

（4）闪光灯的光轴中心跟随行车方向，且为避免车牌反光膜眩光，闪光灯与摄像机保持一定的空间距离。

车速较快、超速较多或事故多发的路段可考虑设置超速自动记录系统。超速自动记录系统前端设备的设置建议如下：

（1）设置位置应根据测速目的、测速方式、道路条件、交通环境等情况综合论证确定；

（2）视场范围应处于直线段内，左右边线包含所有受控车道，且摄像头不被植物、设施等障碍物遮挡；

（3）闪光灯的光轴中心跟随行车方向，且为避免车牌反光膜眩光，闪光灯与摄像机保持一定的空间距离。

不按车道行车行为多、交通量大或事故隐患突出的位置可考虑设置不按车道行驶自动记录系统。不按车道行驶自动记录系统前端设备的设置建议如下：

（1）视场上边线包含信号灯完整信息，下边线包含停止线或行驶车道信息，左右边线包含所有受控车道，且摄像头不被植物、设施等障碍物遮挡；

（2）闪光灯的光轴中心跟随行车方向，且为避免车牌反光膜眩光，闪光灯与摄像机保持一定的空间距离。

车辆逆向行驶行为多、车速较快或事故隐患突出的位置可考虑设置逆向行驶自动记录系统。逆向行驶自动记录系统前端设备的设置建议如下：

（1）拍摄方向逆向于道路行车方向；

（2）视场包含标记道路行驶方向的标志或标线，且摄像头不被植物、设施等障碍物遮挡；

（3）闪光灯的光轴中心跟随行车方向，且为避免车牌反光膜眩光，闪光灯与摄像机保持一定的距离。

机动车违法停车、驾驶人未按规定使用安全带、驾驶时拨打接听手持电话等其他交通违法行为的自动记录均应结合实际需求合理设置前端设备。

4.4.5.3 卡口系统

卡口系统针对道路运行车辆进行图像数据的全天候采集，从而实现车辆特征、司乘特征、流量分布、交通构成、违法情况等过车信息的自动记录。

图 4-97　卡口系统图像采集

卡口系统前端设备的设置建议如下：

（1）三级及以上公路省际、市际、县际交界处应设置卡口系统前端设备；

（2）市政道路界、快速路匝道及其他重要城市交叉口应设置卡口系统前端设备；

（3）安装在公路的卡口应抓拍车辆前端特征图像；

（4）安装在城市道路的卡口宜抓拍车辆前后特征图像；

（5）摄像机通过门架式或悬臂式支撑结构安装在受控车道正上方，距离地面不小于 6m。

4.4.5.4　视频监控系统

通过视频监控系统可将监视区域的现场图像实时传回交通指挥中心，使管理人员及时掌握车辆排队、交通堵塞、交通事故、交通设施等一手可视化信息。

图 4-98 视频监控中心

视频监控系统前端设备的设置建议如下：

（1）城市快速路的主线、辅路及匝道口宜实现视频监控全覆盖；

（2）城市主干路宜实现视频监控全覆盖，信号控制交叉口宜设置视频监控，相邻信号控制交叉口间距超过 1.5km 时应适当增设视频监控；

（3）城市次干路、公交站、人行横道、学校门口、违法行为多发、交通事故多发等位置宜设置视频监控；

（4）其他道路点段应视管理需求、设置条件、工程预算等决定是否设置视频监控。

课后作业

1. 利用人因理论分析交通设施设置的原则。

2. 思考交通标志、标线及信号灯协调设置的要求。

3. 收集、总结、归类现行交通管理设施的相关技术标准。

第5章 交叉口管理

交叉口是机动车、非机动车及行人汇集、转向或疏散的关键点。交叉口管理的目的在于通过合理的时空资源分配，为高质量交通运行提供保障。本章首先介绍交叉口转弯设计方法，然后依次对无信号控制交叉口、环形交叉口、信号控制交叉口、立体交叉口等管理方法进行阐述。

5.1 交叉口转弯设计

交叉口转弯设计是交叉口设计的核心内容。本节所述的交叉口转弯设计是指在不改变交叉口几何结构的前提下，主要通过交通工程措施，并辅以较小规模的道路工程改造，使机动车能够完成更高质量的转弯过程，从而提高交叉口安全性、畅通性及驾驶舒适感的设计内容。

5.1.1 展宽设计

交叉口展宽主要是在交叉口范围（以进口展宽为主）开辟辅助车道，以此提高交叉口的通行能力或安全性。

交叉口进口展宽包括主路右转展宽、主路左转展宽及次路右转展宽三种基本形式。交叉口展宽的基本原则如下：

（1）不同形式均可单独使用；

（2）展宽车道应有较好的封闭性；

（3）展宽车道应能确保驾驶人正确理解；

（4）展宽车道的过渡不应显著增加驾驶人的驾驶负荷。

　　城市道路交叉口的展宽大多是为了提高通行能力，公路交叉口的展宽则大多是为了提高安全性。下面将以 T 形交叉口为例介绍展宽设计的基本思路。

　　（1）城市道路。

　　①主路右转展宽。城市道路 T 形交叉口的主路右转展宽主要利用路内停车带的延长空间增设右转车道，从而提高交叉口的通行效率，如图 5-1 所示。

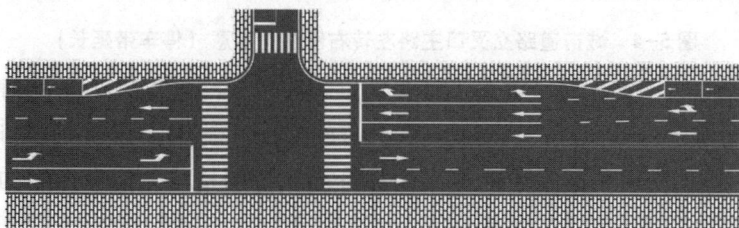

图 5-1　城市道路交叉口主路右转展宽示意

　　②主路左转展宽。城市道路 T 形交叉口主路左转展宽分为两种情况：一种是进口道左侧展宽，一般需将道路中心线适当偏移，占用出口道的部分空间，如图 5-2 所示；或利用中央分隔带的部分空间增设左转车道，如图 5-3 所示。另一种是进口道右侧展宽，主要利用路内停车带的延长空间增设直行车道（可为左转置换空间），从而提高交叉口的通行效率，如图 5-4 所示。

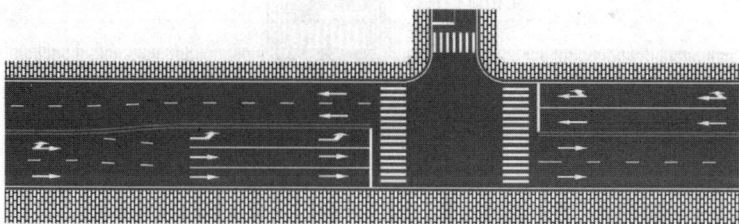

图 5-2　城市道路交叉口主路左转左侧展宽示意（中心线偏移）

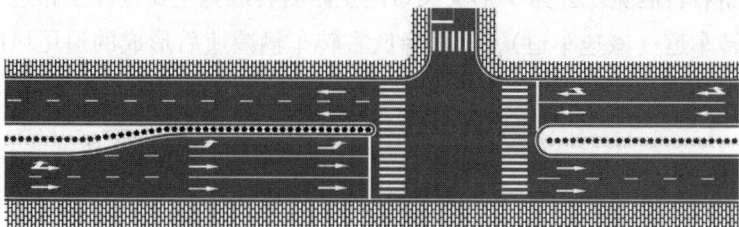

图 5-3　城市道路交叉口主路左转左侧展宽示意（分隔带改造）

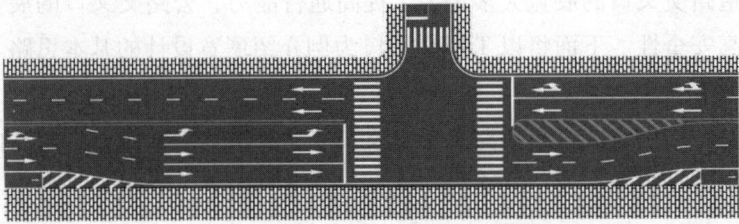

图5-4　城市道路交叉口主路左转右侧展宽示意（停车带延长）

③次路右转展宽。城市道路 T 形交叉口的次路右转展宽主要利用路内停车带的延长空间增设右转车道，从而提高交叉口的通行效率。但如果次路进口道并列 2 条车道，则使交通事故发生的概率明显升高，特别是对无信号控制的交叉口，发生交通事故的风险较大。原因在于，两排车辆之间容易形成视线遮挡，导致驾驶人不能及时发现主路通行的车辆或行人，如图 5-5 所示。因此，如果次路交通需求不大，则最好采用 1 条进口车道；如果次路交通需求较大，则最好采用信号灯控制。

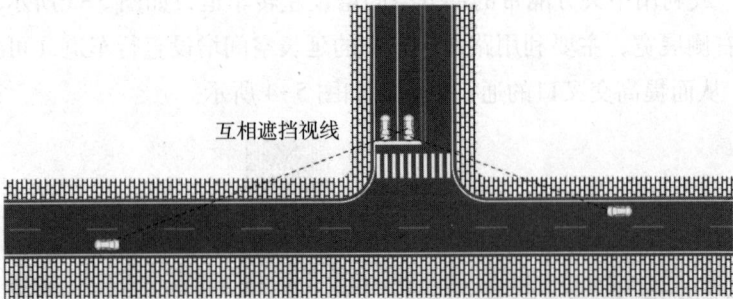

图 5-5　城市道路交叉口次路并列车辆相互遮挡视线示意

（2）公路。

①主路右转展宽。公路 T 形交叉口的主路右转展宽主要是在主路进口道的右侧拓增右转车道（减速车道），从而降低右转车辆减速后形成的追尾风险，如图 5-6 所示。

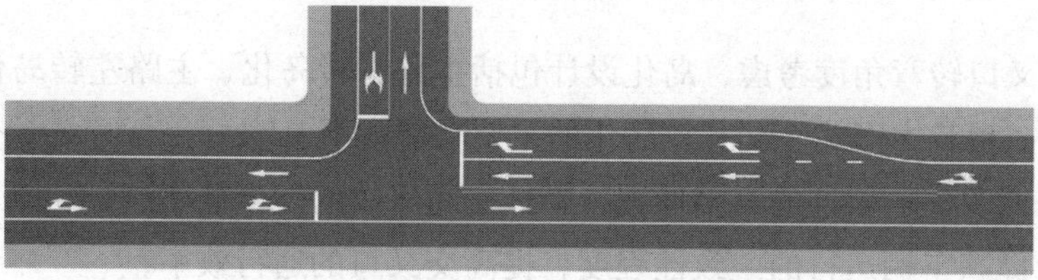

图 5-6　公路交叉口主路右转展宽示意

②主路左转展宽。公路 T 形交叉口主路左转展宽分为两种形式：一种是进口道左侧展宽，对于一级公路可利用中央分隔带的部分空间增设左转车道，从而降低左转车辆减速后形成的追尾风险，同时供驾驶人等待安全时机完成左转，如图5-7 所示；另一种是进口道右侧展宽，主要是在主路进口道及其延伸段的右侧拓增直行车道（可为左转置换空间），从而降低左转车辆减速后形成的追尾风险，如图 5-8 所示。

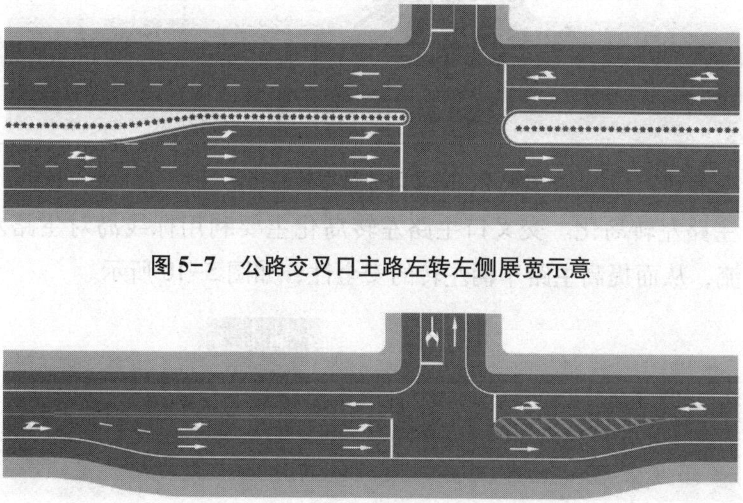

图 5-7　公路交叉口主路左转左侧展宽示意

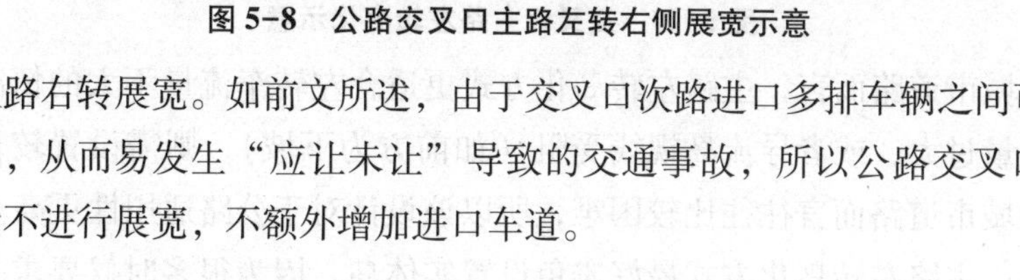

图 5-8　公路交叉口主路左转右侧展宽示意

③次路右转展宽。如前文所述，由于交叉口次路进口多排车辆之间可能形成视线遮挡，从而易发生"应让未让"导致的交通事故，所以公路交叉口的次路进口尽量不进行展宽，不额外增加进口车道。

5.1.2　岛化设计

交叉口岛化是利用导流岛使车辆各行其道，有效解决交叉口车辆轨迹冲突的一种措施。

从交叉口转弯角度考虑，岛化设计包括主路右转岛化、主路左转岛化及次路右转岛化三种基本形式。交叉口岛化的主要功能如下：

（1）减少车辆轨迹的直接冲突，降低交通事故的发生概率；

（2）提高车辆运行的一致性程度，提高交叉口的通行效率；

（3）为交叉口过街行人提供驻足区，提高行人过街的安全性。

城市道路交叉口的岛化大多是为了规范交通秩序，公路交叉口的岛化则应充分考虑交通安全性。下面将以公路T形交叉口为例介绍岛化设计的基本思路。

（1）主路右转岛化。交叉口主路右转岛化主要利用标线岛、实体岛、隔离岛等对主路右转机动车进行引流，从而提高车辆右转的平顺度，如图5-9所示。

图5-9　交叉口主路右转岛化示意

（2）主路左转岛化。交叉口主路左转岛化主要利用标线岛对主路左转机动车进行引流，从而提高主路车辆左转的安全性，如图5-10所示。

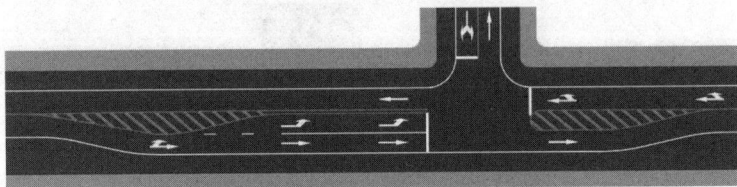

图5-10　交叉口主路左转岛化示意

对于城市道路而言，主路左转岛化方式更适合左转车流量不大的情况。如果左转车流量过大，或者导流岛视线受阻（如前方为下坡），则需设置较长的过渡段，其对城市道路而言往往比较困难，所以该设计对于公路适用性更高。

此外，主路左转岛化方式最好避免设置实体岛。因为很多时候要求主路左转车利用过渡段尽快脱离直行车流，如果设置实体岛则易降低左转车的分流效率，从而增加事故风险。

（3）次路右转岛化。交叉口的次路右转岛化主要利用标线岛、实体岛、隔离岛等对次路右转机动车进行引流，从而提高车辆右转的平顺度，如图 5-11 所示。

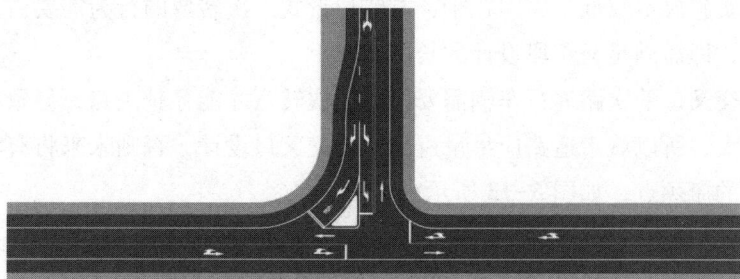

图 5-11　交叉口次路右转岛化示意

5.1.3　错位设计

错位交叉口是指两条距离较近的道路，分别从不同方向以 T 形或 Y 形交叉口的形式接入一条主路形成的交叉口结构。根据接入的相对位置不同，错位交叉口可以分为左错位与右错位两种形式，如图 5-12 所示。

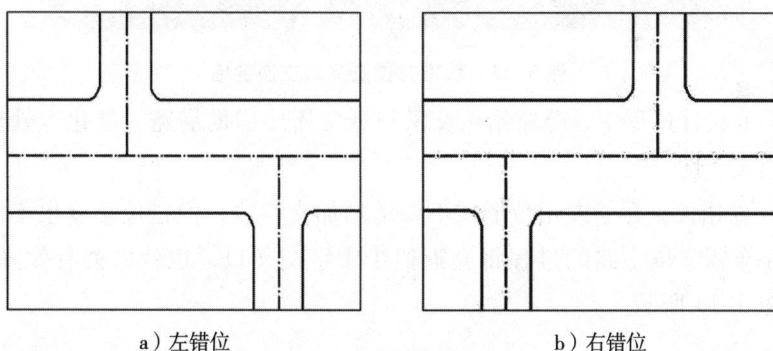

a）左错位　　　　　　　　　　　　b）右错位

图 5-12　错位交叉口分类

在车流量不大的情况下，由于次路车辆不得不降低车速才能穿越主路，使得错位交叉口的安全性一般高于十字交叉口，所以可将错位设计作为一种交叉口的安全处理措施。但若车流量较大，则因次路车辆穿越主路的轨迹比较复杂，错位交叉口的安全性将会降低。

相对于右错位形式，左错位形式的安全性较低，原因如下：

（1）车辆在从次路转弯进入主路的过程中穿越的车道越少，安全性越高；

（2）右错位形式的车辆行驶轨迹更符合让行规则；

（3）由于左错位形式的交织段往往较短，容易导致车辆违法转弯。

尽管左错位形式的安全性偏低，但相对于右错位形式，交叉口改造难度较小，所以实施成本较低。原因在于，右错位形式二次转弯的行为需要占用主路更大的空间，即需满足交织段设计的长度要求。

错位交叉口的次路通行车辆需要经过二次转弯才能穿越主路，导致在交叉口的延误较大，所以城市道路应尽量避免错位交叉口设计，否则未来将有可能成为交通拥堵的瓶颈点，如图 5-13 所示。

图 5-13　城市错位交叉口交通拥堵

在交通设计过程中，公路错位交叉口通常需要借助展宽、岛化等处理方法，提高交通安全性。

（1）左错位。尽管左错位形式不要求增加交织段，但错位幅度也不能太小，否则次路车辆穿越主路的过程将会近似于十字交叉口，也就失去有效降速的作用，如图 5-14 所示。

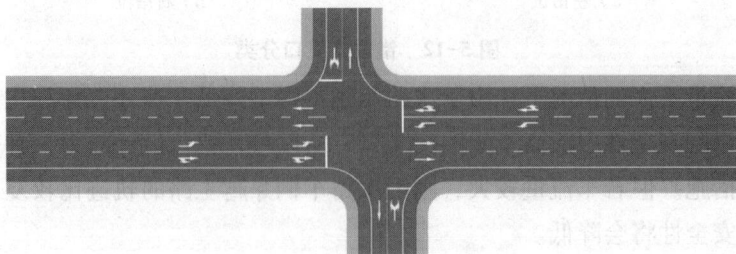

图 5-14　左错位幅度不足示意

左错位形式应在主路进口配置右转专用车道，并保证右转专用车道通行的连续性，以免次路通行车辆过长时间占用主路直行车道，如图 5-15 所示。

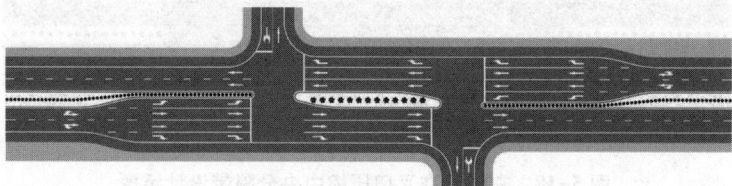

图 5-15　左错位交叉口设计示意

（2）右错位。右错位形式应在主路进口配置左转专用车道，且最好通过展宽的方式增设，并保证左转专用车道的长度，如图 5-16 所示。

图 5-16　右错位交叉口展宽设计示意

很多时候，交叉口附近的用地难以支持较长的交织段，此时可考虑通过岛化设计缩短交织段的长度，同时可以保证交织段具有充足的左转蓄车能力，如图 5-17 所示。如果中央分隔带的宽度足够大，也可通过压缩分隔带的方式提高交织段的左转蓄车能力，如图 5-18 所示。

图 5-17　右错位交叉口岛化设计示意

图 5-18　右错位交叉口压缩中央分隔带设计示意

5.1.4　H 形设计

　　H 形交叉口主要是指道路中央分隔带较宽的一种交叉口结构，其将一个左转行为分解为两个左转过程。H 形交叉口设计的基本思路是对中央分隔带进行适当处理，从而提高交叉口的通行质量，如图 5-19 所示。

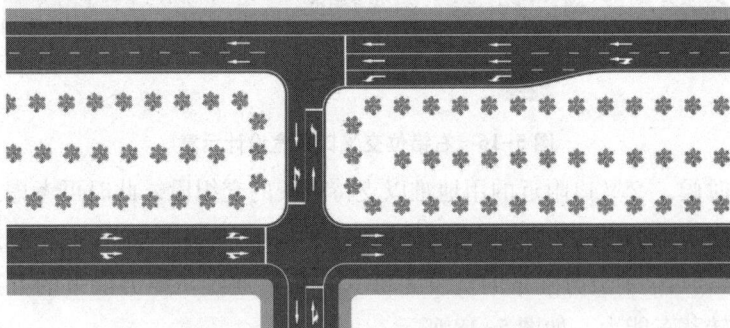

图 5-19　H 形交叉口展宽设计示意

　　为了进一步提高交叉口的安全水平，通过岛化设计可将主次路左转冲突点与直左合流点进行分解，如图 5-20 所示。

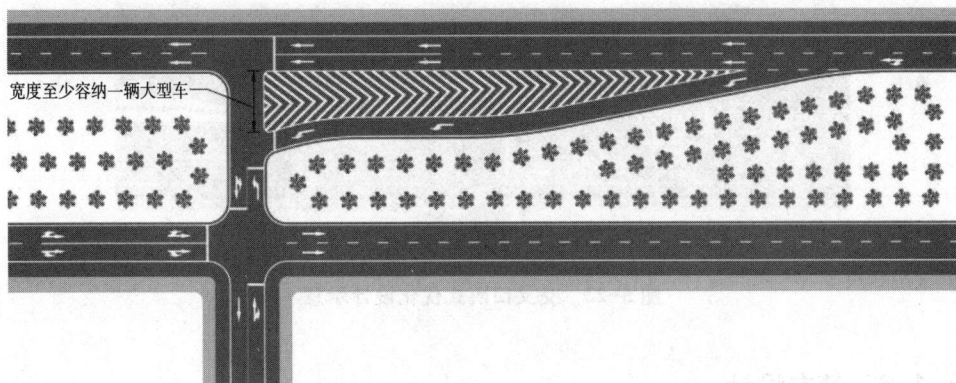

图 5-20 H 形交叉口岛化设计示意

5.1.5 鸥式设计

为了减小次路左转车辆并入主路直行车流的难度，从而提高合流位置的行车安全，可采用一种交叉口鸥式设计方法，其因形状类似一只飞翔的海鸥而得名。

交叉口鸥式设计的基本思路也是对中央分隔带进行处理，从而提高交叉口的通行质量，如图 5-21 所示。

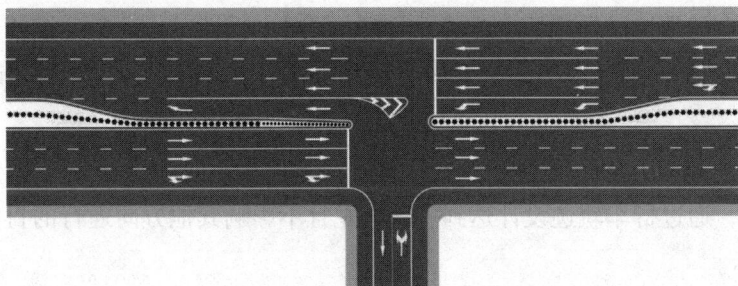

图 5-21 交叉口鸥式设计示意

如果次路左转车流量较大，则上述鸥式设计方案可能会出现左转车排队溢出，此时可考虑对设计方案进行优化，如图 5-22 所示。

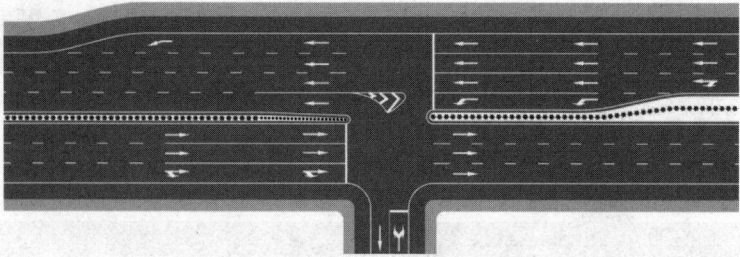

图 5-22　交叉口鸥式优化设计示意

5.1.6　禁左设计

在理想条件下，交叉口通往各个方向的车辆自由行驶固然最好，但当交叉口交通需求超过通行能力的时候，或者出于交叉口管理的需要，禁左是经常被用到的组织手段。

交叉口禁左一般通过禁令标志、禁止标线及信号相位实现。然而，在对路况不很熟悉的情况下或禁左措施实施的初期阶段，驾驶人容易出现"误左转"问题。为此，可考虑通过交叉口渠化，并结合标志、标线及信号手段，避免"误左转"现象，同时还能有效减少违法左转的情况发生。

交叉口的禁左设计包括主路单方向禁左设计、次路单方向禁左设计及主次路同时禁左设计三种基本形式。下面将以 T 形交叉口为例介绍禁左设计的基本思路。

（1）主路单方向禁左设计。主路单方向禁左设计适用于主路中央分隔带较宽的情况，通过行车轨迹设计达到主路禁左且不影响其他方向通行的目的，如图5-23 所示。

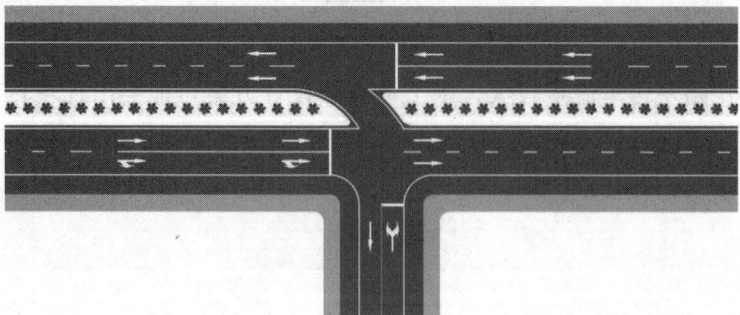

图 5-23　交叉口主路单方向禁左设计示意

（2）次路单方向禁左设计。次路单方向禁左设计同样适用于主路中央分隔带较宽的情况，通过行车轨迹设计达到次路禁左且不影响其他方向通行的目的，如图 5-24 所示。

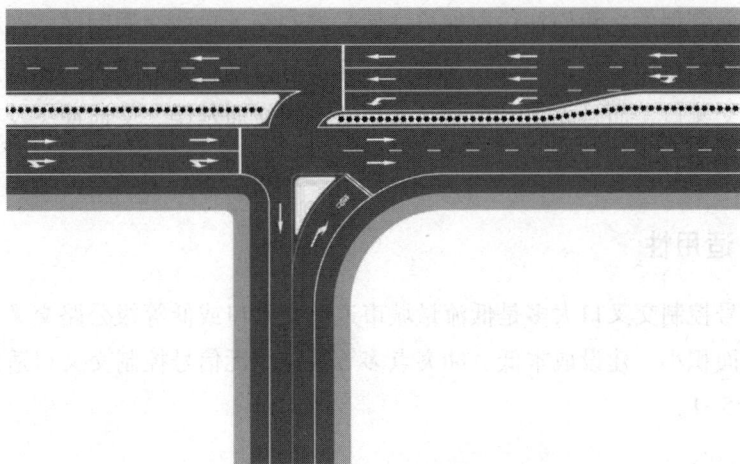

图 5-24　交叉口次路单方向禁左设计示意

（3）主次路同时禁左设计。主次路同时禁左设计除了可用中央分隔带（栏）完全隔离主路双向交通外，还可在次路进出口位置设置导流岛，以此达到主次路同时禁左的目的，如图 5-25 所示。

图 5-25　交叉口主次路同时禁左设计示意

5.2 无信号控制交叉口管理

在交通管理中，我们往往更加关注信号控制交叉口的交通问题，忽视无信号控制交叉口。然而，在整个道路网络中，无信号控制交叉口所占的比例远远大于信号控制交叉口，而且无信号控制交叉口造成的交通延误、交通冲突及交通事故比例也要更大。

5.2.1 适用性

无信号控制交叉口大多是低流量城市道路交叉口或低等级公路交叉口，通常具有占地面积小、建设成本低、冲突点多等特点。无信号控制交叉口适用的道路等级见表5-1。

表5-1 无信号控制交叉口道路等级适用性

道路等级	主干路	次干路	支路
主干路	C	B	A
次干路	B	A	A
支路	A	A	A
A：适用性最高；B：适用性其次；C：适用性最低			

5.2.2 交叉口控制

无信号控制交叉口冲突交通流的优先通行权主要依靠交通法律、交通标志及隔离设施等进行明确。

（1）法律控制。在无其他控制方式的情况下，按照交通法律、法规明确交叉口的优先通行权。《中华人民共和国道路交通安全法实施条例》第五十二条规定，没有交通标志、标线控制的，在进入路口前停车瞭望，让右方道路的来车先行；转弯的机动车让直行的车辆先行；相对方向行驶的右转弯的机动车让左转弯的车辆先行。

（2）标志控制。交叉口标志控制主要采用让行标志明确交叉口的优先通行权，如果路面条件允许，则还应施划相应的交通标线。车辆遇到停车让行标志时应停车瞭望，确保安全后再通过；车辆遇到减速让行标志时应适当减速，观察交叉口内情况，确保安全后再通过。另外，交叉口设置的一些其他禁令标志、指示标志及交通标线也起到交通控制的作用。

（3）物理隔离。交叉口的物理隔离设施主要是指交通岛、分隔带、隔离栏、隔离柱等，用于限制车辆行驶轨迹、解决交通流冲突或作为慢行交通过街的安全岛，从而对交通流起到阻隔、警示、引导、保护等作用。

在上述各控制手段中，合理设置让行标志对于保证交叉口行车安全作用显著。尽管停车让行标志的控制力度更大，但是不能一概采用停车让行方式，特别是在视距条件良好的交叉口，随意设置停车让行标志不仅不能提供额外的安全保障，还会导致停车让行标志失去本身的法律效力。

参考澳大利亚《统一交通控制设施手册》的规定，只有无信号控制交叉口的次路方向视距条件不满足要求且障碍物无法移除，才能选择设置停车让行标志，如图 5-26 所示。其中，l 值的选择见表 5-2。

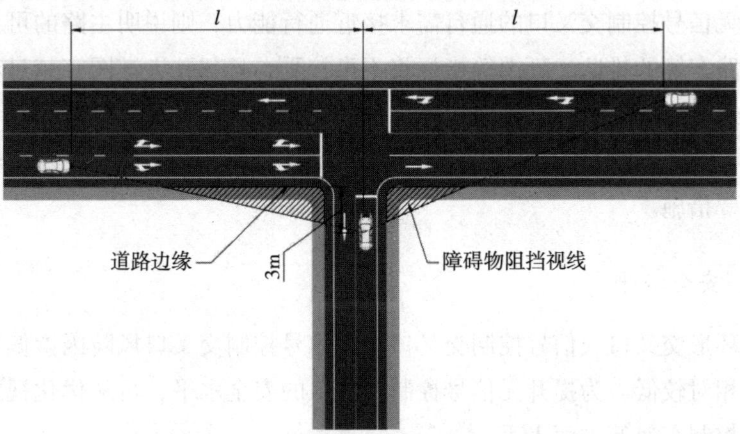

图 5-26　停车让行标志设置视距条件示意

表 5-2　不同限制速度下的 l 值

限制速度（km/h）	40	50	60	70	80	90	100
l 值（m）	20	30	40	55	65	80	95

5.2.3 交叉口性能

无信号控制交叉口的性能指标主要包括畅通性、安全性及环保性。

5.2.3.1 通行能力

无信号控制交叉口的通行能力应为主路进口通行能力加上次路进口通行能力。其中，主路进口通行能力可按路段通行能力计算，次路进口通行能力一般依据可穿越间隙理论计算。

可穿越间隙理论的基本原理是将主路车流视为连续流，假设车辆到达符合泊松分布，此时车头时距符合负指数分布，而次路车辆利用主路车辆的间隙通过交叉口，但并不是所有间隙都可供次路车辆穿越，只有大于临界间隙时才可成功穿越，此外还需获知次路车辆跟驰的车头时距，用于判断次路车辆可否跟随前车穿越同个间隙。因此，次路进口通行能力主要是由主路双向流量、临界穿越间隙及次路车头时距所决定。

一旦无信号控制交叉口的通行需求接近通行能力，则说明主路的可穿越间隙过少，次路车辆的排队、延误等指标将不可接受，且驾驶人试图穿越过小间隙的冒险行为还会降低安全性，此时应考虑提升交叉口的通行能力，或者改变交叉口控制方式。交叉口通行能力的提升主要包括交叉口展宽、岛化、禁左或合理取消人行横道等措施。

5.2.3.2 安全水平

相比环形交叉口或信号控制交叉口，无信号控制交叉口风险因素偏多，导致安全水平相对较低。为提升无信号控制交叉口的安全水平，可从优化视距、优化冲突点、控制车速等方面入手。

（1）优化视距。驾驶人必须能够清晰看到所在进口的各种交通控制设施及交叉口视距三角形内的车辆与行人，以便及时采取合理的操作，确保最终安全通过交叉口。

（2）优化冲突点。交叉口的冲突点包括分流冲突点、合流冲突点、交织冲突点及交叉冲突点等4种基本形式，如图5-27所示。无信号控制十字交叉口有32个机动车流冲突点，如图5-28所示，T形交叉口有9个机动车流冲突点，如图5-29所示。

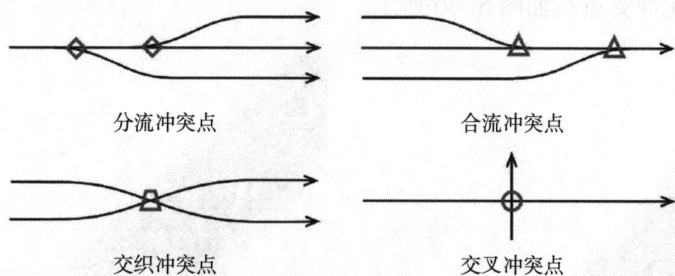

图 5-27 交叉口冲突点示意

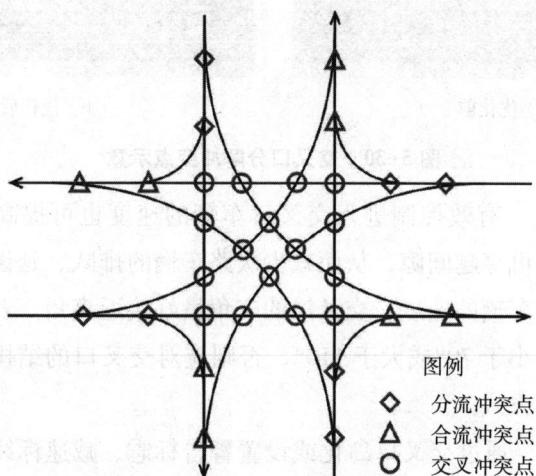

图例
◇ 分流冲突点
△ 合流冲突点
○ 交叉冲突点

图 5-28 十字交叉口机动车流冲突点

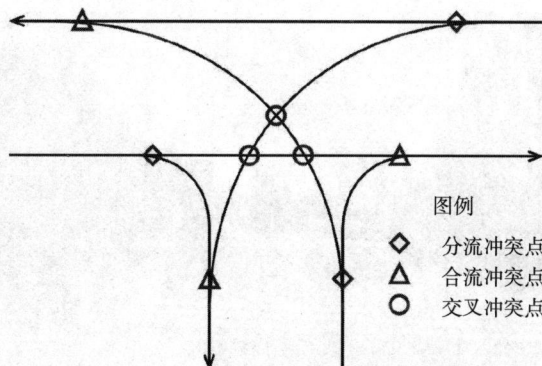

图例
◇ 分流冲突点
△ 合流冲突点
○ 交叉冲突点

图 5-29 T 形交叉口机动车流冲突点

在交通管理中，通过交叉口展宽、岛化、禁左等措施可以分解冲突点、减少冲突点或转化冲突点，如图 5-30 所示。

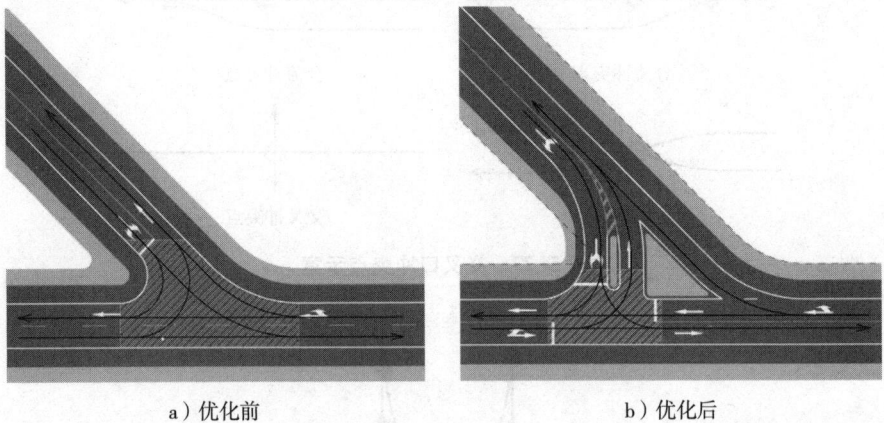

a）优化前   b）优化后

图 5-30　交叉口分解冲突点示意

（3）控制车速。有效控制进入交叉口车辆的速度也可提高安全性，而且能为次路增加更多的可穿越间隙，从而减少次路车辆的排队、延误等。为使驾驶人能够更好估计冲突车辆的速度，交叉口的交角最好接近直角。若受地形限制，则交叉口的交角不应小于 70°或大于 110°，否则应对交叉口的结构进行改造，或者改变交叉口的控制方式。

在交通管理中，通过交叉口岛化或设置警告标志、减速标线、减速带（丘）、电子警察等可达到降低车速的目的，如图 5-31 所示。此外，图 5-30 中 b）也是一个通过交叉口改造与岛化降低车速的示例。

图 5-31　无信号控制交叉口进口减速标线

5.2.3.3　环境影响

无信号控制交叉口对于环境的影响主要包括发动机、轮胎、制动器等导致的噪声或振动；一氧化碳、碳氢化合物、氮氧化物等排放污染物；交叉口的建设、使用及管理过程中造成的自然环境破坏。

环境影响大小取决于交通量、车速、交通构成、交通运行、道路线形等指标。在交通管理中，可通过以下措施减小交叉口对于环境的影响。

（1）减小交通量。通过禁止或分时段禁止交叉口的某些行驶方向可适当减小交通量，但要考虑转移交通量对于其他交叉口造成的影响。

（2）降低车速。通过适当减小交叉口的转弯半径可有效降低车速，但要满足车辆转弯的基本需求，特别是要评估大型车的转弯需求。

（3）减小大型车比例。在具备大型车合理绕行条件时，可考虑施行禁止或分时段禁止大型车通行的管理措施。

（4）改善交通运行质量。为改善交通运行质量，可通过展宽、岛化等综合措施减少交叉口停车，降低交叉口延误，或在条件允许的情况下将停车让行标志改为减速让行标志。

5.2.4　行人管理

平面交叉口位置的车辆与行人不可避免要产生交通冲突，一旦冲突转化为交通事故，则行人往往成为受害者。特别是在无信号控制交叉口，行人过街潜在风险因素较多，所以此类问题尤为值得关注。

5.2.4.1　行人过街距离

交叉口行人过街距离越长，行人暴露在交通风险中的时间越长，特别是行人一次过街距离的大小直接关系到行人被撞事故率。行人一次过街距离过长的原因主要包括道路宽度大、人行横道设计不合理、缺少行人过街安全岛或安全岛设置不合理等，如图 5-32 所示。

图5-32 交叉口行人一次过街距离过长

减小交叉口行人一次过街距离的办法包括压缩道路宽度、拓展路缘石、合理设置安全岛、合理设置分隔带、合理利用导流岛等，如图5-33所示。

图5-33 利用安全岛减小交叉口行人一次过街距离

5.2.4.2 行人过街延误

交叉口行人过街延误过大将会大大降低对行人的服务水平，而且行人强行过街容易发生交通事故。无信号控制交叉口行人过街延误一般不大，除非车流量较大，导致行人可穿越间隙过少，或是行人过街设施不够完善。

减少交叉口行人过街延误的办法包括采用立体过街形式、安装信号灯、控制主路进口车速、设置行人安全岛等。

5.2.4.3　无障碍交通

无障碍交通设施的功能属于一个"非一即零"的问题，也就是"做不到完善就相当于无效"的意思。无信号控制交叉口常见的无障碍交通问题包括无障碍通道不连续、无障碍通道被占用、路缘石缺少坡道处理或无障碍通道坡度过大等。

无障碍交通服务水平的提升需要做到事无巨细，包括清理通道障碍物、加强违法占道经营整治、配置行人升降设备、提高设施设计水平、完善残障行人引导等，如图 5-34 所示。

图 5-34　交叉口处无障碍交通设施

5.2.4.4　驾驶人视觉条件

如果驾驶人视线不清或被障碍物遮挡，则可能无法及时识别交叉口内的行人。交叉口处驾驶人的视觉条件主要受到照明条件、道路线形、路侧设施或视距三角形内的其他障碍物影响。

改善交叉口处驾驶人视觉条件的办法包括改善道路照明条件、清除视线障碍物、调整人行横道位置或改变进口车道方位等。

5.2.4.5　行人驻足区

交叉口处的行人驻足区是指设置在人行横道端头或中间的特定区域，主要为行人等待过街或在过街过程中提供安全的待行空间。行人驻足区设置问题主要表现在人行道宽度不足、安全岛面积不足或安全岛位置不合理等，如图 5-35 所示。

图 5-35　交叉口处行人驻足区空间不足

交叉口处行人驻足区问题的解决办法包括拓展交叉口处人行道宽度、增加行人过街安全岛面积、结合渠化合理选择安全岛位置等。

5.2.4.6　机动车转弯速度

无信号控制交叉口处转弯车速越快，发生碰撞行人的可能性越高。转弯车速主要是由转弯半径决定，而对转弯半径的控制可以通过调整转角半径、调整渠化设计等措施实现，如图 5-36 所示。

图 5-36　通过调整转角半径控制转弯车速

　　另外，前文已经提到，通过设置警告标志、减速标线、减速带（丘）、电子警察等可达到降低转弯车速的目的。

5.2.5　非机动车管理

　　相较行人，交叉口非机动车安全管理更加重要。一方面，涉非机动车事故的伤亡率更高；另一方面，有关非机动车的认定、管理、控制等规定易出现争议。特别是在无信号控制交叉口，非机动车潜在风险因素较多，所以交通管理部门应重点关注。

5.2.5.1　机非冲突

　　如果无信号控制交叉口的机非冲突比较严重，通常是机动车流量较大，导致非机动车可穿越间隙过少，从而造成其在交叉口内滞留，如图 5-37 所示。缓解无信号控制交叉口机非冲突的办法包括安装信号灯、设置安全岛等。

图 5-37　无信号控制交叉口机非冲突

5.2.5.2　非机动车待行区

　　无信号控制交叉口的非机动车待行区是指为等待机动车流可穿越间隙而为非机动车提供的专门待行区域。非机动车待行区的设置问题主要表现在待行区面积不足、缺少机非隔离或待行区被占用（如交通设施、排水设施）等。

　　交叉口非机动车待行区问题的解决办法包括拓宽非机动车道、适当利用人行道、设置实体待行区、设置相关警告标志、科学设计待行区等，如图 5-38 所示。

图 5-38　非机动车待行区设计

5.2.5.3　非机动车通道连续性

一旦交叉口缺少非机动车通道，则非机动车大多会与机动车混行，此时事故风险将大幅增加。非机动车通道不连续主要是由道路横断面设计不合理导致，或与交叉口渠化设计不合理有关。

一般而言，交叉口内非机动车通道应与路段非机动车道保持连续互通。对于结构畸形、流线复杂或事故多发的交叉口，则建议施划非机动车通道彩色路面。如果交叉口进口宽度不足，不得不采用机非混行模式，则应利用标志、标线明确优先通行权。如图 5-39 所示，为一种国外使用的机非混行车道的处理方法。

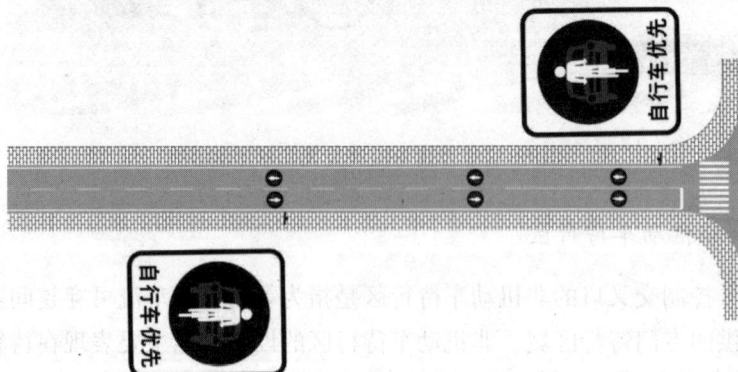

图 5-39　机非混行进口道交通设计

5.2.5.4 非机动车左转

非机动车左转作为交叉口一个关键风险因素，如果处理不当，则会大大降低交叉口的安全水平，且会显著影响交叉口通行效率。无信号控制交叉口的非机动车左转可通过一次过街完成。非机动车左转常见问题包括进口道违法并道、左转待行区不当、左转流线不畅等。

5.2.5.5 大型车右转盲区

右转时大型车前后轮轨迹通常不在一条弧线上，二者转弯半径之间的差距称为"内轮差"。"内轮差"形成的区域即为右转盲区，特别容易发生非机动车被撞交通事故。

大型车右转盲区交通事故的提前预防可以通过人、车、路等要素多管齐下，包括对驾驶人进行警示教育、对大型车加装消盲设备及对交叉口进行工程改造（如设置警告标志、增设隔离设施）等，如图 5-40 所示。

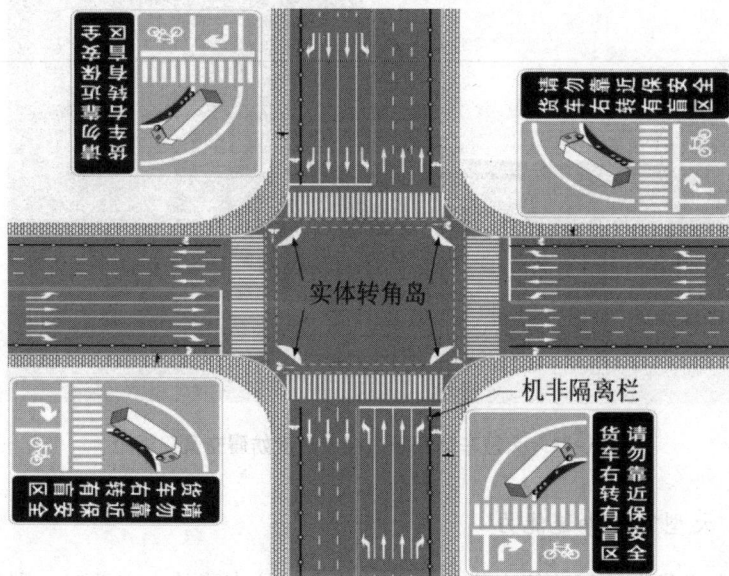

图 5-40 通过设置转角岛消除大型车右转盲区风险

5.2.6 大型货车管理

大型货车有车身长、体积大、载重大、制动距离长等特点，通过交叉口时存在较高的事故风险，一旦发生交通事故，后果往往比较严重。因此，针对大型货车实行必要的交叉口安全措施，能够有效预防交通事故的发生。

5.2.6.1 交叉口视距

如2.3.1节所述，相较小型客车，大型车辆驾驶人的视点明显更高，尤其是大型货车。因此，在对交叉口视距进行分析时应专门考虑大型车辆的特点，特别是一些交通标志、广告牌、乔木等架空结构的障碍物，这些可能在小型客车驾驶人的视点高度并不妨碍视距，但在大型车辆驾驶人的视点高度则妨碍视距，如图5-41所示。

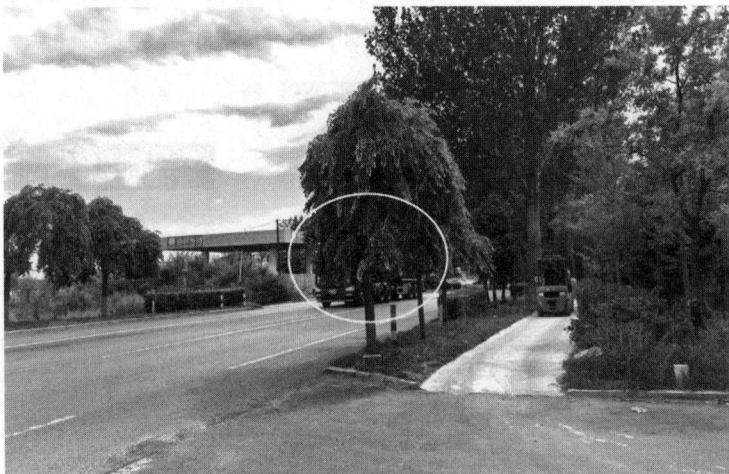

图5-41 大型车辆驾驶人视点高度妨碍交叉口视距

5.2.6.2 大型货车加速能力

载重大型货车的加速能力往往较差，如果其从支路驶入交叉口，则需要更大的可穿越间隙，而且载重大型货车转弯进入主路后，由于提速比较慢，所以存在发生追尾事故的风险。为了降低事故风险，可在主路进口处设置警告标志，或在主路出口处设置加速车道。

5.2.6.3　大型货车减速能力

载重大型货车的减速能力往往较差，导致制动距离较长，在进入交叉口前，如果不能提前减速，则发生交通事故的风险较高。为了降低事故风险，可从改善交叉口视距、设置减速车道、增加右转弯半径等方面加以施策。

5.2.6.4　大型货车车长影响

大型货车通常车身较长，占用的道路空间较大，在对交叉口进行展宽、岛化等设计时应确保蓄车空间足以容纳预期的大型货车数量。

5.2.6.5　大型货车转弯需求

大型货车在交叉口的转弯过程需要更大的转弯半径，转弯半径不足会导致行车障碍。为此，可通过设计核查避免交叉口转弯半径不合理，如图 5-42 所示，或通过标示转弯路线、移动障碍物、采用标线岛等方式解决大型货车转弯半径不足的问题。

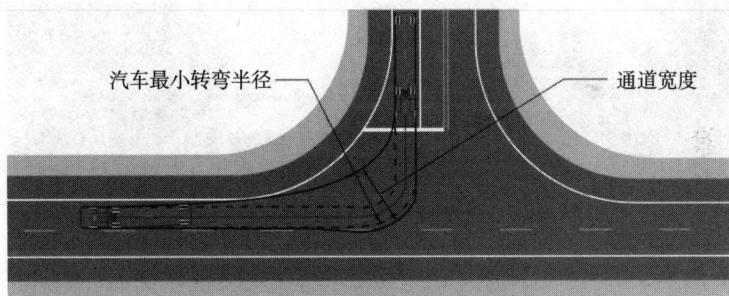

图 5-42　交叉口转弯半径核查

5.2.7　公交车管理

公交车具有车身长、速度慢、停车次数多、上下客等特点，导致通过交叉口时的事故风险也比较多，而且一旦发生交通事故，后果也往往比较严重。因此，针对公交车实行必要的交叉口安全措施，能够有效预防交通事故的发生。

5.2.7.1 公交延误

公共交通发达程度越高往往城市交通拥堵水平越低。长期来讲，发展公共交通是解决交通拥堵问题最有效的措施，特别是轨道公共交通，转移交通需求的作用显而易见。但对地面常规公交而言，发展困难较大，目前很多城市选择地面常规公交出行的乘客越来越少，除了一些客观因素外，与延误大、车速低、不方便等主观因素不无关系。

如果从无信号控制交叉口管理的角度施策，则可通过科学规划公交专用进口车道、针对禁止左转标志增设公交车除外辅助标志等措施，提高地面常规公交的通行效率。

5.2.7.2 公交站点

公交车与社会车辆之间的协调发展问题困扰着很多城市的交通管理部门。例如，公交车与小型客车之间速度差问题、公交车停靠阻碍社会车辆通行问题、公交车连续并道影响交通问题等多与公交站点设置有关，如图5-43所示。

图5-43 公交车连续并道影响交叉口秩序

交叉口附近的公交站点设置应注意以下问题：

（1）公交站点一般设在出口道路侧，除非考虑无障碍交通设施位置，或停靠公交车排队容易溢出交叉口，才能考虑设在进口道路侧；

（2）如果公交站点不得不设在进口道，则需考虑公交车并道左转需求，避免公交站点距离交叉口过近；

（3）考虑公交车停靠对交叉口视距的影响，包括交叉口附近的机动车、非机动车及行人均需考虑其中；

（4）考虑公交车停靠对驾驶人交通设施视认性的影响，包括交通标志、交通标线、信号灯等设施；

（5）考虑公交站亭及其附属设施对交叉口视距、交通设施视认性等的影响；

（6）公交站点位置选择还要考虑行人过街安全性、乘客等车驻足区等因素。

5.2.7.3　空间需求

与大型货车类似，由于公交车车身较长，占用的道路空间较大，在对交叉口进行展宽、岛化等设计时应确保蓄车空间足以容纳预期的公交车数量。另外，也应核查交叉口的转弯半径，并通过标示转弯路线、移动障碍物、采用标线岛等方式解决公交车转弯半径不足的问题。

5.3　环形交叉口管理

在道路网络中，环形交叉口所占比例较小，但因环形交叉口的几何结构特殊，对其进行交通管理的方式也与无信号控制交叉口大有不同。合理的交通管理方式可有效降低车辆进入交叉口的速度、规范交通运行秩序，对于提高交叉口的安全水平效果明显。

5.3.1　适用性

环形交叉口是指中央设有中心岛，并用环道组织渠化交通，使所有进入交叉口的车辆一律按逆时针方向绕岛单向行驶，直至选择某一出口驶出的平面交叉口。严格来讲，环形交叉口属于一种特殊的交通控制方式，能将机动车交叉冲突变为机动车交织，从而提高交叉口运行的安全性。

在中心岛直径足够大、进出口平纵曲线设计合理、交叉口视距充分等条件下，环形交叉口的安全水平较高，原因在于：

（1）中心岛控制行车速度效果明显；

（2）中心岛将交叉冲突转化为交织冲突；

（3）交叉口内的机动车通行方式为单向行驶。

但是，如果交叉口内环道数量较多，则交织段车辆并道发生碰撞的可能性将有所增加。此外，环形交叉口内行人与非机动车的通行难度比较大。因此，环形交叉口更适合于一、二级公路等对交通安全要求较高的位置，如图 5-44 所示；或在居民区、学校等位置适合于建设一些小型环形交叉口，如图 5-45 所示。

图 5-44　较高等级公路环形交叉口

图 5-45　居民区附近环形交叉口

对于城市道路而言，由于受通行方式、行车路线、行车速度等因素影响，环形交叉口的通行能力不高，规划交通量超过一定数值的交叉口不宜采用环形交叉口形式。环形交叉口适用的道路等级见表 5-3。

表 5-3　环形交叉口道路等级适用性

道路等级	主干路	次干路	支路
主干路	B	C	C

续表

道路等级	主干路	次干路	支路
次干路	C	A	B
支路	C	B	A
A：适用性最高；B：适用性其次；C：适用性最低			

5.3.2 交叉口结构

环形交叉口的理想形式应是 4 路正交结构，也就是十字交叉口的环岛版本。此时，驾驶人更容易理解交叉口的空间布局，更容易做出合理的车道选择。然而，在我国很多城市中，5 路、6 路甚至更多路的环形交叉口，或相交角度较小的环形交叉口比较常见。可见，很多时候不是环形交叉口容易发生交通拥堵，而是很多环形交叉口的结构不合理，从而形成过于复杂的车流交织。

除进出口数量以外，环形交叉口的结构指标还有进出口道曲线半径、进出口道宽度、进出口车道数量、环道车道数量、中心岛直径、交通岛形状等，如图 5-46 所示。各指标均与环形交叉口的安全性与畅通性有关。

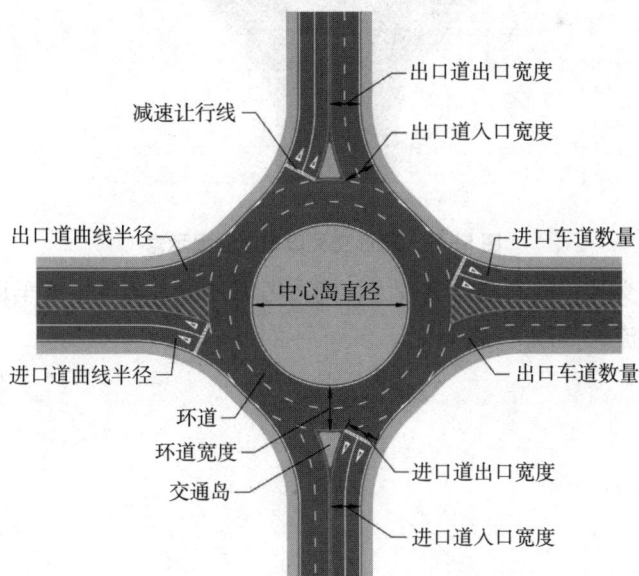

图 5-46 环形交叉口结构指标示意

5.3.3 机动车管理

对于较大型的环形交叉口，首先应将进口车道的功能给予明确，右转、直行、左转甚至混行车道都应施划导向箭头。同时，环道车道也应明确功能，并且施划相应的导向箭头，从而引导通行机动车各行其道。

如图 5-47 所示，一个 4 路环形交叉口的主路方向为双向 6 车道，次路方向为双向 4 车道。4 个进口均已明确车道功能，而且次路东进口拓增 1 条左转专用车道，以此提高交叉口的通行能力。为了匹配车道功能，进口车道数量不应超过环道车道数量。

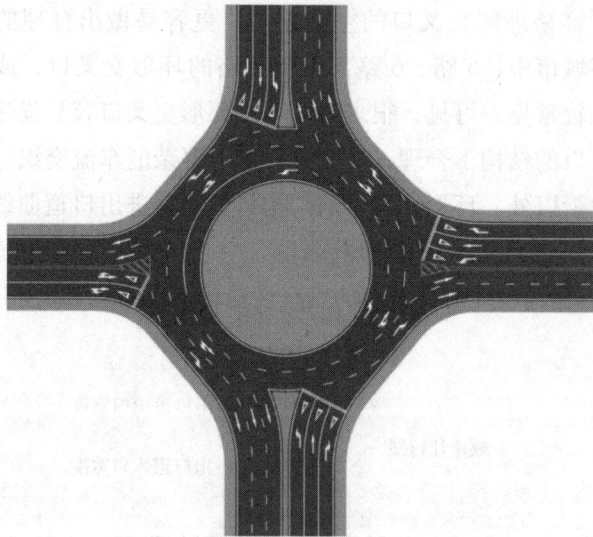

图 5-47　环形交叉口车道分配示意

如果环形交叉口的右转需求较大，则可考虑开辟右转弯导流车道实现右转机动车的提前分流，如图 5-48 所示。

图 5-48 环形交叉口右转弯导流车道设置示意

在右转出口道缺少加速车道的情况下，建议右转弯导流车道采用大角度合流方式，以免合流角度太小产生的驾驶人视野盲区，从而形成安全隐患，如图 5-49 所示。同时，应设置让行标志，保障右转机动车汇入主路的安全性。

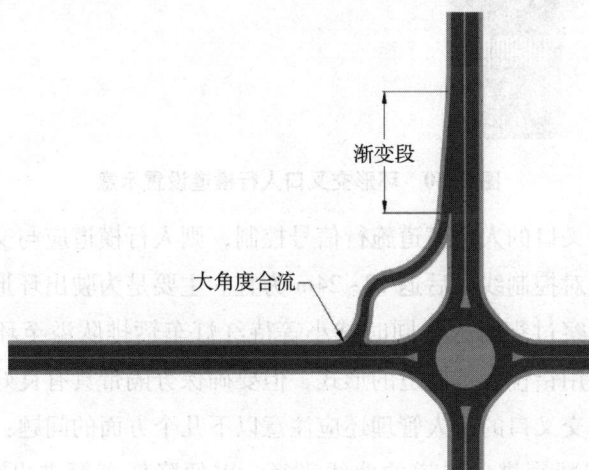

图 5-49 环形交叉口右转弯导流车道大角度合流方式示意

进口道曲线半径越大，机动车进入环形交叉口的速度往往越快，此时行车的安全性越低。除了合理设计进口道曲线半径以外，还可以通过调整限速值、设置交通标志（如让行标志、警告标志等）、施划交通标线（如减速标线、让行标线等）或设置其他交通设施（如减速带、黄闪灯等），控制环形交叉口进口车速。

5.3.4 行人管理

为便于环形交叉口行人过街，人行横道的设置应尽可能简单直接，一般应与进口道垂直设置，相对控制线以后退 6~12m 为宜，同时安全岛的面积应视行人二次过街的需求进行确定，如图 5-50 所示。

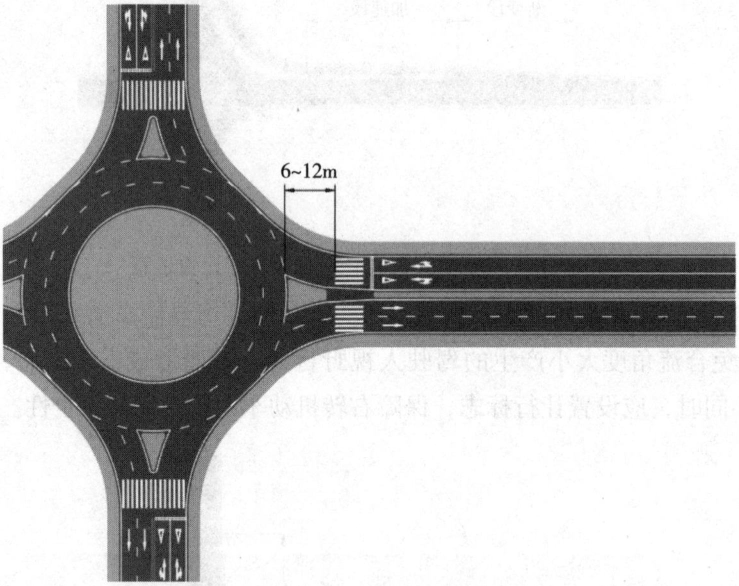

图 5-50　环形交叉口人行横道设置示意

如果环形交叉口的人行横道施行信号控制，则人行横道应与交叉口拉开更大的距离，一般相对控制线以后退 12~24m 为宜。主要是为驶出环形交叉口车辆提供充裕的时间观察过街行人，同时减小等待红灯车辆排队溢至环形交叉口的概率。也可考虑采用错位人行横道的形式，但要确保分隔带具有良好的步行条件。

此外，环形交叉口的行人管理还应注意以下几个方面的问题：

（1）尽可能减小进出口道的曲线半径，以便降低车辆进出交叉口的速度，从而提高行人过街的安全水平；

（2）确保进出口道间的交通岛具有充足的面积，特别是对大型环形交叉口而言，以供过街行人驻足等待；

（3）进出口道范围内不能出现路内停车，以便进出环形交叉口的车辆及时发现过街行人；

（4）应对环形交叉口的过街老年人、残疾人、婴幼儿等特殊行人给予考虑；

（5）避免交通标志、信号灯、绿化物、景观设施等设计妨碍行人过街，或影响交叉口视距；

（6）如果环形交叉口的行人过街需求很大，如学校门口、购物中心、休闲广场等，则应考虑采用立体过街方式。

5.3.5 非机动车管理

尽管环形交叉口对机动车的行车安全较为有利，但非机动车通行往往不是很安全。统计数据表明，环形交叉口的非机动车有关交通事故大多是在进口道附近被机动车碰撞，主要原因在于环形交叉口行驶车辆的驾驶人大多是将注意力放在左侧行驶的机动车，容易忽视右侧行驶的非机动车，如图 5-51 所示。

图 5-51 环形交叉口进口附近非机动车安全隐患

对于小型环形交叉口，如果环道只有 1 条车道，而且设计速度较低，车流量较小，则无须设置非机动车道。但若是较大规模环形交叉口，则应综合考虑用地条件、交通需求等因素，决定非机动车道的设置方案。

（1）分离式非机动车道。分离式非机动车道不与机动车道共板，而是在交叉口外围建设 1 条环道专供非机动车通行。由于此类交叉口结构用地条件较为苛刻，通常采用立体交叉形式，如图 5-52 所示。

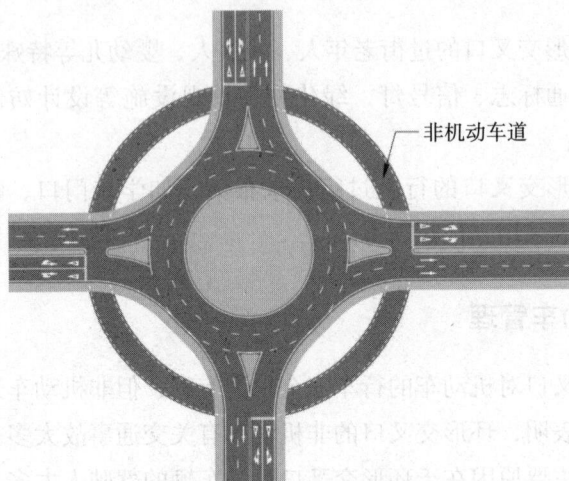

图 5-52 分离式非机动车道设置示意

（2）隔离式非机动车道。隔离式非机动车道作为环形交叉口常规做法，利用分隔带、隔离栏或分界线实现非机动车与机动车的空间隔离，如图 5-53 所示。

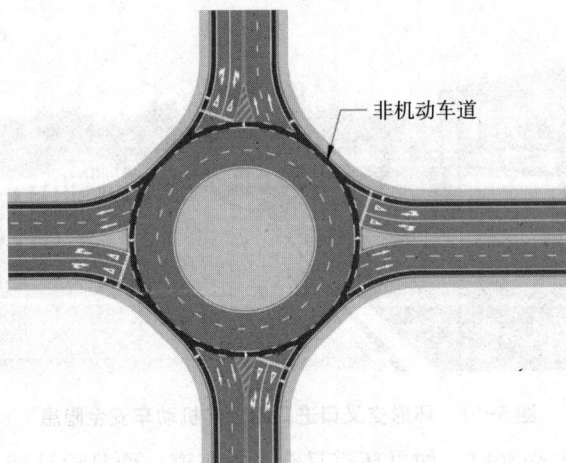

图 5-53 隔离式非机动车道设置示意

除了右转非机动车，环形交叉口其他流向的非机动车通行不方便，与机动车之间存在冲突。因此，在环形交叉口设计过程中，应将非机动车待行区考虑其中，以便非机动车寻找可穿越的过街间隙。

相比驾驶人而言，骑行人的年龄跨度更大，身体条件参差不齐，而且很多时候需在骑车的同时不断观察道路交通环境，所以在环形交叉口管理的过程中，应对不同类型骑行人的特征进行区别考虑。

（1）休闲骑行人。休闲骑行人多出于消遣、娱乐等目的，一般不急于到达目的地，往往不会占用机动车道。

（2）通勤骑行人。通勤骑行人多出于工作、运输等目的，通常骑行经验丰富，具有骑行距离长、骑行速度快等特点，且更愿意选择高等级道路骑行。

相比之下，由于分离式非机动车道的安全性较高，骑行体验更好，所以受到休闲骑行人的欢迎，但对通勤骑行人而言，因其绕行距离较大，所以通常更愿意选择隔离式非机动车道。

在环形交叉口管理的过程中，应对造成非机动车的事故风险因素进行重点考虑。除了道路设计、交通控制等方面，还要考虑以下几个因素：

（1）交叉口的交通构成，包括非机动车、大型车辆等所占比例；

（2）交叉口相交道路的功能定位，包括通过性、集散性、本地性等；

（3）环形交叉口周边的区域性交通管理策略，涉及拥堵治理、事故预防、绿色出行等目标。

5.3.6　信号控制

在交叉口规划设计的过程中，如果分析论证充分，则环形交叉口一般不需要实施信号控制。但若交通拥堵比较严重，且无更好措施予以缓解，则可考虑实施信号控制的可行性。换句话说，环形交叉口信号控制不是交通管理的常规性手段，而是一种弥补措施。环形交叉口信号控制主要包括进口信号控制和节点信号控制两种方式。

5.3.6.1　进口信号控制

利用进口信号灯控制进入环形交叉口的车流，如图 5-54 所示。

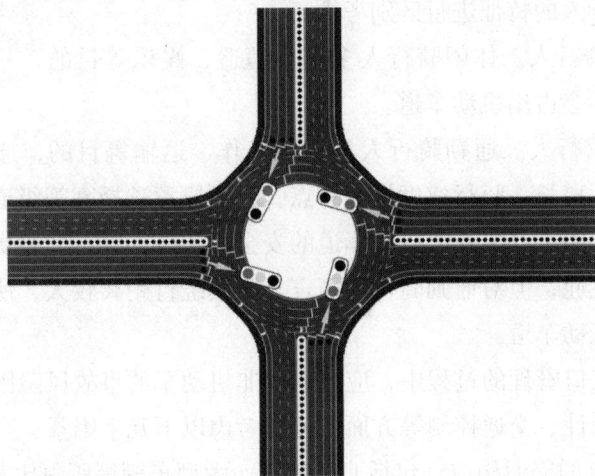

图 5-54 环形交叉口进口信号控制示意

环形交叉口进口信号控制的需求源于非右转车辆。一旦交叉口某个进口道的左转、直行或二者流量很大，则势必导致后续进口道进入交叉口的车辆无法获得可穿越间隙，从而难以顺利并入相应的环道车道，最终导致后续进口道车辆排队过长，同时也会扰乱环道行车秩序。如果条件允许，则可在此进口道增设信号灯，或者在进口道上游的路段人行横道设置信号灯，以便能将车流周期性打断。

环形交叉口进口信号灯的设置注意事项如下：

（1）停止线位置应比控制线提前 15~25m，以使让行标志与信号灯拉开距离，避免驾驶人产生误解；

（2）可提前设置注意信号灯标志，提醒驾驶人按照信号灯指示通行；

（3）路段人行横道信号灯需与环形交叉口保持一定的距离，以免环形交叉口出口排队溢回交叉口内。

5.3.6.2　节点信号控制

利用进口信号灯与环道信号灯同时控制进出环形交叉口的车流，如图 5-55 所示。

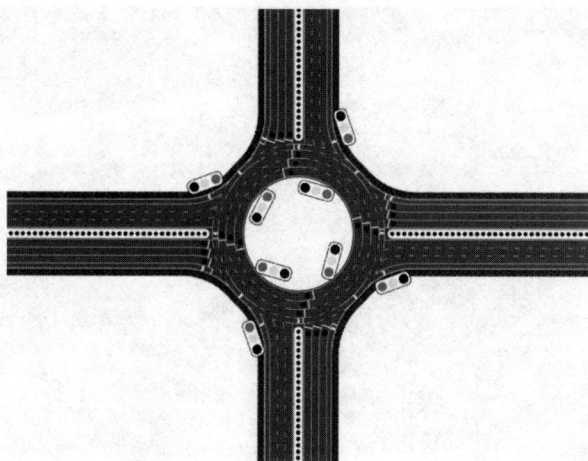

图 5-55　环形交叉口节点信号控制示意

在车流量较大的情况下，节点信号控制可以平衡环形交叉口排队长度，提高环形交叉口通行能力，也能提高环形交叉口的安全水平，特别是能提高非机动车及行人的通行安全性。然而，实施节点信号控制的环形交叉口要有足够大的规模，否则无法为环道行驶车辆提供充足的排队空间。

环形交叉口节点信号控制应注意控制信号周期时长、精简信号相位数量，从而避免交叉口出现锁死的情况。

严格来讲，环形交叉口一旦实施信号控制，则其交通控制方式已经发生改变，此时应对车道管理措施进行适当调整，主要考虑提高交叉口蓄车能力，具体包括进口道展宽、减小转弯半径、增加环道车道等措施。图 5-56 所示为一种国外使用的直穿式环形交叉口。

图 5-56　直穿式环形交叉口

环形交叉口信号控制可以采用全时段控制方式，也可采用分时段控制方式。此外，不是所有进口道都要同时实施信号控制，只有同时满足以下条件的进口道才可以不设信号灯：

（1）进口道流量较小；

（2）上游信号灯导致车流离散性较大；

（3）进口道下游环道停止线前拥有充足的车辆排队空间。

5.4　信号控制交叉口管理

在道路网络中，尽管信号控制交叉口所占比例不大，但其大多是区位重要、交通量大、冲突严重或事故多发的交叉口。信号控制交叉口的管理水平甚至直接决定城市交通管理的水平。

5.4.1　适用性

信号控制作为一种最直观的交通控制方式，可在新建交叉口采用，也可作为无信号控制交叉口、环形交叉口等解决交通问题的补充措施。有时还会为了解决非机动车或行人的通行问题而去考虑采用信号控制。

针对无信号控制交叉口增设信号灯，有时可直接增设，有时则需对交叉口几何结构进行适当改造。例如，我国公路改扩建时容易形成一种俗称"三角地"的畸形交叉口，如图 5-57 所示，若要在此增设信号灯，则须先将其改造为 T 形交叉口。

图 5-57　"三角地"畸形交叉口

判断交叉口是否有必要安装信号灯，一般应综合考虑道路等级、交叉口结构、交通量、事故数据、视距条件等因素。信号控制交叉口适用的道路等级见表 5-4。

表 5-4　信号控制交叉口道路等级适用性

道路等级	主干路	次干路	支路
主干路	A	B	C
次干路	B	C	C
支路	C	C	C
A：适用性最高；B：适用性其次；C：适用性最低			

5.4.2　管理要点

相比无信号控制交叉口，信号控制交叉口的管理更复杂，不仅要为各种道路使用者分配交叉口的空间资源，还要为其分配时间资源。信号控制交叉口的管理要点主要包括以下几个方面：

（1）交叉口上游路段。交叉口作为道路网络的节点，进口道的通行能力一般很难完全匹配上游路段的通行能力。为了避免交叉口成为道路的瓶颈点，特别是对城市道路而言，应尽可能缩小进口道与上游路段通行能力的差距。例如，可考虑通过交叉口展宽增加进口车道数量；或者通过设置公交专用道、布置路内停车位等手段降低路段通行能力。

（2）进出口车道方位。如果交叉口进口直行车道未与出口车道对齐，则会降低直行车辆的通行效率，也易导致交叉口通行秩序混乱，甚至因驾驶人的驾驶彷徨而引发交通事故，如图5-58所示。

图5-58　交叉口进口直行车道未与出口车道对齐

因此，尽量避免进出口直行车道错位现象，如果无法避免则应考虑施划必要的路口导向线，或利用导流岛调整直行车道的方向，总之避免车辆进入直行车道后还要考虑转向问题，如图5-59所示。

图 5-59　路口导向线设计

（3）进出口车道数量。除了应使进口道通行能力匹配上游路段通行能力，还应保证出口车道的通行能力匹配进口车道的通行能力。一般而言，出口车道数量不应小于同一信号控制相位进入此出口道的车流数量，除非个别进口车道流量比较小，对于合流效率的影响不大。如图 5-60 所示，交叉口在同一信号控制相位形成"4 进 2"的瓶颈效应。

图 5-60　交叉口形成"4 进 2"瓶颈效应

为了解决信号控制交叉口车道数量不匹配问题，应在交叉口设计过程中给予适当考虑，或通过禁止左转、右转控制等手段，减少同一信号控制相位进入出口道的车流数量。

（4）机动车转弯路线。在信号控制交叉口，应对机动车转弯路线进行严格限制，特别是应考虑不同车型转弯路线的差别，且应核查转弯路线的安全间隙，包括对向机动车左转路线安全间隙、左转机动车与非机动车路线安全间隙等。如图 5-61 所示，交叉口左转机动车与非机动车路线的安全间隙不足。

图 5-61　左转机动车与非机动车路线安全间隙不足

若机动车转弯路线存在安全隐患，则应通过交通组织、信号控制等措施消除安全隐患。例如，左转机动车与非机动车路线安全间隙不足，则可采用二次过街方式完成非机动车左转；右转机动车与过街行人冲突大，则可考虑施行右转机动车信号控制。

（5）交叉口行人路线。交叉口行人通行路线若与行人期望差距过大，则不仅会产生不必要的绕行距离，也易导致行人的交通违法行为发生，从而形成交通安全隐患。如图 5-62 所示，人行横道的位置偏离多数行人的需求，导致出现大量的违法过街行为。

图 5-62　人行横道位置不合理

在交叉口设计过程中，应尽量考虑行人的期望确定通行路线，如果无法做到，则应利用适当的隔离设施强制行人按照安全路线通行，从而消除违法行为带来的安全隐患。

（6）交叉口空间范围。时至今日，交叉口越大越好的错误理念依然存在。交叉口空间范围过大可能导致行人过街距离过长、车头间距过大、转弯车速过快、绿灯损失过多等一系列问题，如图 5-63 所示。

图 5-63　交叉口空间范围过大

因此，在满足交叉口通行空间需求的情况下，应尽可能压缩交叉口空间范围，可通过交通岛、分隔带、导流线等压缩交叉口的有效空间，如图5-64所示。

图5-64 交叉口空间范围压缩实例

（7）交叉口信号运行方案。交叉口信号相位、相序、配时或协调方案不合理都会影响交叉口的通行效率与安全性。例如，交叉口信号周期过大可能导致车辆排队过长；主路交叉口信号协调可能导致次路延误过大。

交叉口信号运行方案的设计思路包括：针对交通拥堵区域限流截流，避免机动车快速聚集；科学划分信号控制时段，匹配交通流动态变化；限制信号周期时长，调节车辆排队；优化信号相位相序，提高通行能力；设计搭接相位，解决不均衡交通需求；优化绿信比，提高绿灯利用率；优化行人过街时间，保护弱势群体；考虑交叉口清空，合理设置绿灯间隔时间；多目标信号协调，提升干道驾驶体验；设计应急信号控制预案，避免交通拥堵扩散等。

（8）不同车辆速度差。不同类型道路使用者穿越交叉口的速度不同，导致信号清空时间需求不同。例如，交叉口排队的载重货车、上坡的非机动车、过街的老幼病残等一般需要更多的清空时间。如图5-65所示，公路信号控制交叉口清空时间不足导致载重货车间发生碰撞。

图 5-65 交叉口清空时间不足导致交通事故

因此，应考虑道路使用者、道路线形、交叉口视距等因素合理确定信号清空时间，必要时可利用车辆检测器动态调整清空时间，彻底消除信号相位转换阶段的交通安全隐患。

5.4.3 机动车管理

对于机动车而言，信号控制交叉口的通行能力主要取决于其时空资源的分配。其中，空间分配是对交叉口的直行车道、转弯车道及分隔带、交通岛等配套设施进行布置；时间分配是对交叉口的信号运行参数进行确定。后者将在 5.4.7 节进行详细介绍。

（1）直行车道。交叉口进口直行车道数量一般不应小于上游路段的车道数量，除非进口流量较小，不至于产生瓶颈效应，或交通管理部门有意降低直行道的通行能力，从而达到控流的目的。

对于单点信号控制的交叉口，最好直行车道数量大于上游路段的车道数量，以使进口直行车道通行能力接近路段通行能力（进口直行车道只有绿灯时间才能通行）。一般通过压缩进口车道宽度或展宽增加进口车道数量，但要保证车道长度至少满足最大排队长度，对于展宽车道还要考虑过渡段的长度，如图 5-66 所示。对于参与干线信号协调的交叉口，则可使直行车道数量等于上游路段的车道数量，协调区间的末端交叉口除外。

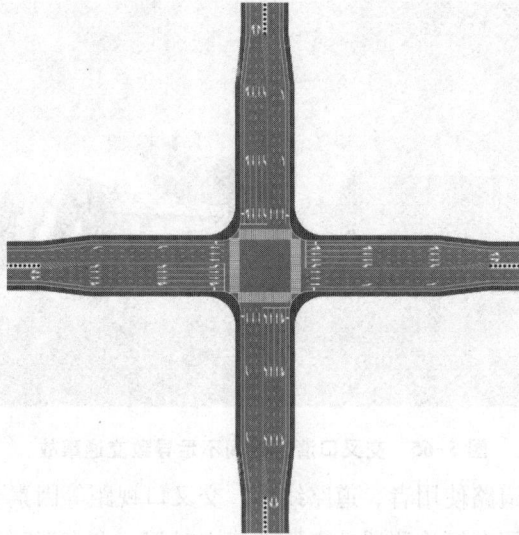

图 5-66　交叉口进口车道设计

（2）转弯车道。信号控制交叉口进口转弯车道的空间需求主要涉及转弯车道数量、转弯车道长度、左转待行区长度等。转弯车道空间需求主要取决于转弯交通需求的大小，此外转弯车道长度还应考虑转弯机动车的减速需求，特别是车流量较小的公路交叉口，转弯车道不能太短，否则容易引发交通事故，如图5-67所示。

图 5-67　交叉口转弯车道长度不足

如果大型交叉口的右转车流量较大，则可通过设置右转导流岛隔出 1 条右转导流车道，如图 5-68 所示。交叉口右转导流车道的起点连接进口右转弯车道，且应尽量设置减速车道；终点连接出口外侧车道，且若右转导流车道的转弯半径较小（考虑行人过街安全），或对右转导流车道的人行横道进行信号控制，则应尽量设置加速车道。

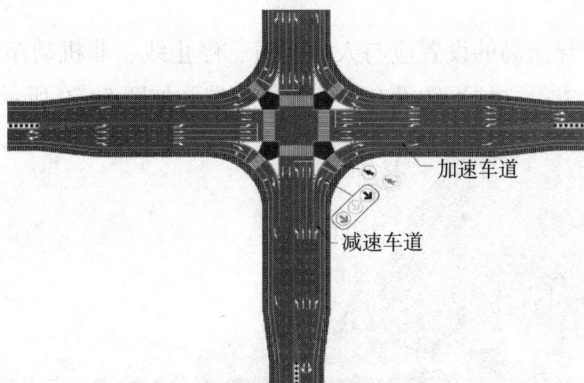

图 5-68　交叉口右转导流车道设计

（3）中央分隔带。信号控制交叉口的中央分隔带除了具有分隔双向机动车流的作用，还可用于拓增左转车道、作为行人驻足区、安置信号灯、设置交通标志及设置其他设施（如照明、电力、景观等），如图 5-69 所示。

图 5-69　信号控制交叉口中央分隔带

结合中央分隔带的具体用途，应对其最小宽度进行限制，包括容纳二次过街的行人，或支持信号灯、标志、路灯等设施的工程基础，同时应限制中央分隔带的最大宽度，避免交叉口清空时间、行人过街时间过长等问题。

（4）交通岛。交通岛主要是对交通流起到分离、引导、保护等作用，在大型、畸形或复杂的交叉口应用比较多，右转导流岛是最常见的交通岛。此外，交通岛也可作为行人驻足区或用于设置信号灯、标志、照明设施等，但只限于物理岛，标线岛除外。

交叉口右转导流岛的设置应与人行横道、停止线、非机动车道等合理搭配，同时信号灯、标志等立柱不能设在导流岛的鼻端，如图 5-70 所示。

图 5-70　立柱设置在右转导流岛鼻端

交叉口的空间资源有限，如果某些交通流所占空间不能满足需求，则应考虑分配更多的时间资源。同时，如果某些交通流所占时间资源不能满足需求，也可以通过分配更多的空间资源进行补偿。因此，信号控制交叉口管理主要是在解决平衡问题。

此外，一旦信号控制交叉口的时间、空间资源均不能满足需求，则不得不设法减小交叉口的交通需求。其中，最常用的方法是将左转需求禁掉、分离或转移。

（1）主路远引掉头。主路进口机动车不在交叉口左转，而是直行通过交叉口，并在下游路段开口或交叉口完成掉头后再返回交叉口右转，如图 5-71 所示。

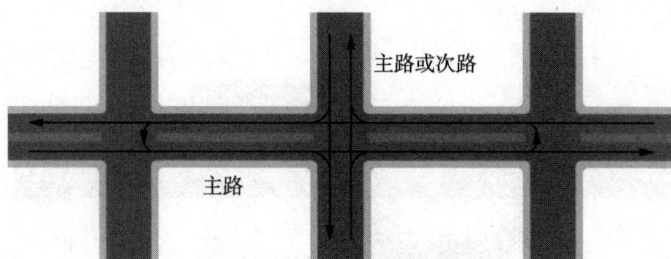

图 5-71　主路远引掉头示意

（2）次路远引掉头。次路进口机动车不在交叉口左转，而是右转进入主路，并在下游路段开口或交叉口完成掉头后再继续直行通过交叉口，如图 5-72 所示。

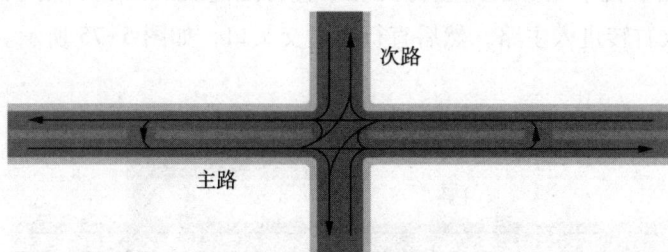

图 5-72　次路远引掉头示意

（3）移位左转。交叉口进口左转车道设置于对向车道左侧，左转机动车需在上游路段开口处提前进入左转车道，此开口处一般应设置信号灯，如图 5-73 所示。

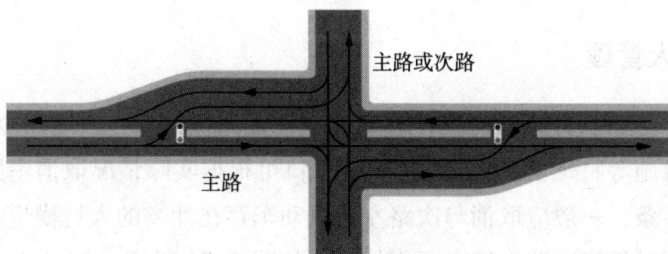

图 5-73　移位左转示意

（4）主路立交平座。主路左转机动车先在上游路段右转进入支路，然后左转进入次路，再由次路直行通过交叉口，如图 5-74 所示。

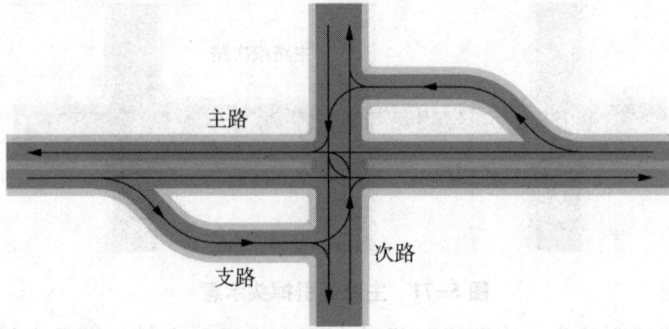

图 5-74　主路立交平座示意

（5）次路立交平座。次路左转机动车直行通过交叉口，利用下游局部路网经过连续 3 次右转进入主路，然后直行通过交叉口，如图 5-75 所示。

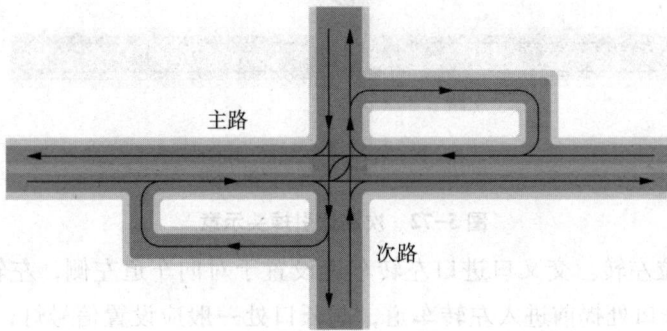

图 5-75　次路立交平座示意

5.4.4　行人管理

原则上信号控制交叉口的所有进口都应设置人行横道，快速路匝道控制口、有立体过街设施等特殊情况除外。T 形交叉口可根据实际情况取消主路 2 条人行横道之中的 1 条，一般应取消与次路左转机动车存在冲突的人行横道，保障行人过街安全，同时提高次路左转车通行效率，如图 5-76 所示。

图 5-76　T 形交叉口人行横道简化设计

　　交叉口视距的核查应着重考虑行人安全问题，特别是在设置右转导流车道的交叉口。如果视距不良，则如前文所述，可通过减小右转弯半径，或对右转导流车道人行横道进行信号控制，从而达到降低右转机动车速度、保障行人交通安全的目的。

　　人行横道的设计应考虑行人期望，避免过街距离过大、路线过于复杂等情况，造成过街行人产生不必要的绕行，进而导致行人交通违法行为。对于交叉口对角过街流量较大的情形，可考虑设置斜穿交叉口的人行横道，并配置行人专用信号相位，如图 5-77 所示。

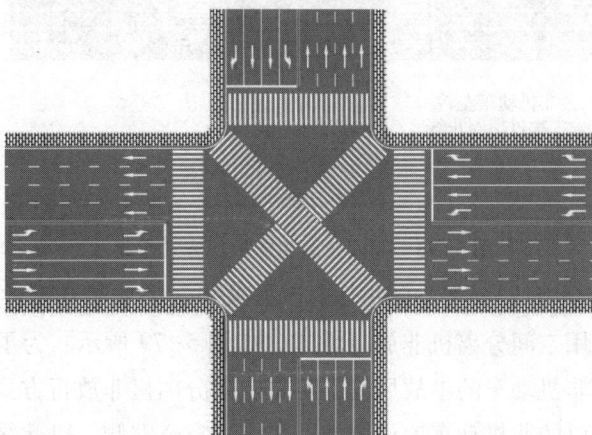

图 5-77　斜穿交叉口人行横道示意

　　中央分隔带、机非分隔带或交通岛提供的行人驻足区应有充足的可利用面积，最小宽度应能容纳 1 辆自行车或婴儿车，同时清除驻足区内的障碍物，确保各种设施的设置合理。此外，行人驻足区的设计要求考虑无障碍通行需求。

交叉口范围内的人行道连接人行横道，应为行人提供安全、便捷、舒适的通行条件，避免出现通道窄、坡度大、路面差等不利情况，同时清除通道障碍物，并考虑无障碍通行需求。

5.4.5 非机动车管理

信号控制交叉口的非机动车左转问题往往比较棘手，在我国大多通过二次过街完成非机动车左转，也称为时间分离机非放行方式。此方式要求交叉口转角处有充足的空间作为非机动车待行区，以便等到下一个直行方向的绿灯启亮，如图5-78所示。然而，通常交叉口设置待行区的空间很有限，如果左转非机动车流量较大，则需要适当后退人行横道线与停止线，同时宜在待行区位置施划相应的地面标识。

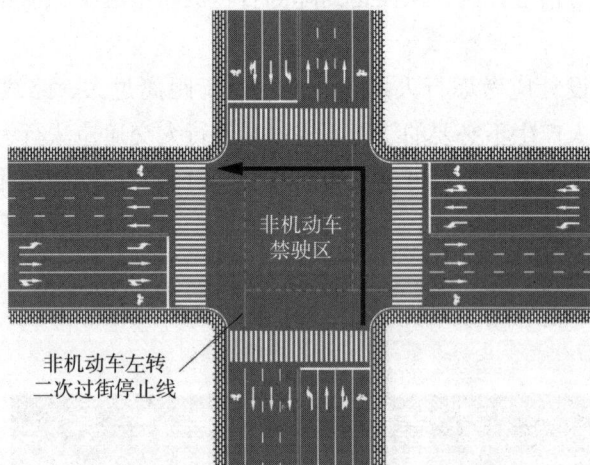

图5-78 时间分离机非放行方式示意

在设有左转专用信号相位的进口道，如果能保证非机动车左转路线的安全性，也可考虑采用空间分离机非放行方式，如图5-79所示。为了缓解交叉口内机非冲突，降低非机动车的事故风险，可将空间分离机非放行方式进行改造。例如，将交叉口进口的非机动车道设置在右转专用车道左侧，以此缓解交叉口内直行、左转非机动车与右转机动车间的冲突，如图5-80所示。但此时需要保证非机动车道的容量足够大，且应尽量做到物理隔离；或将进口待行区置于停止线前方，缓解非机动车与直行、左转机动车间的冲突，如图5-81所示，但要保证前置待行区的容量足够大，不能阻碍行人过街。

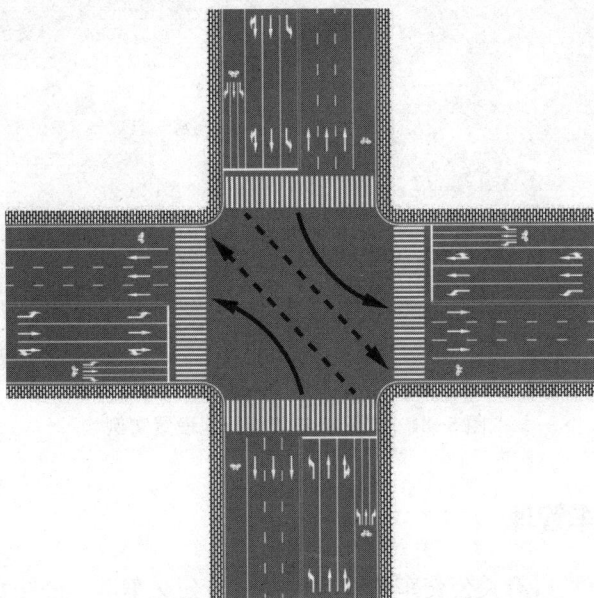

图 5-79 空间分离机非放行方式示意

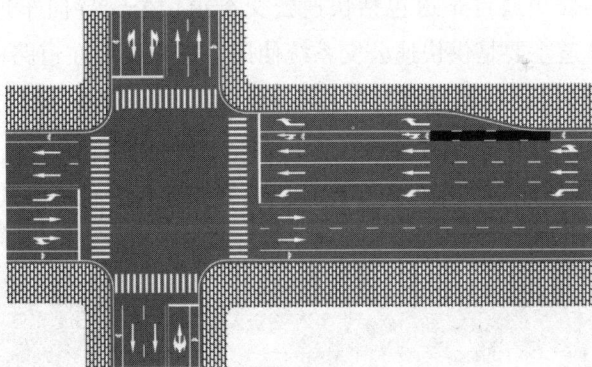

图 5-80 交叉口进口机非交织设计

图 5-81　交叉口前置待行区设置实例

5.4.6　公交车管理

信号控制交叉口有关公交车的管理主要涉及公交车道、公交站点及公交信号等几个方面。

交叉口处的公交通行车道包括快速公交车道、公交导向车道及共用导向车道。快速公交车道主要是供快速公交系统使用，通常设置在道路中央，采用隔离设施进行封闭，如图 5-82 所示。公交导向车道只供公交车（或含通勤班车、校车、特种车辆等）使用，通常设置在道路右侧（除右转专用车道），施划有地面标识，如图 5-83 所示。共用导向车道可供公交车通行，也可供其他机动车通行。

图 5-82　交叉口快速公交车道

图 5-83　交叉口公交导向车道

快速公交车道的公交站点大多设置在中央分隔带，其他公交车道的站点大多设置在道路右侧。公交站点形式包括直线式、港湾式及半港湾式。半港湾式公交站点如图 5-84 所示。

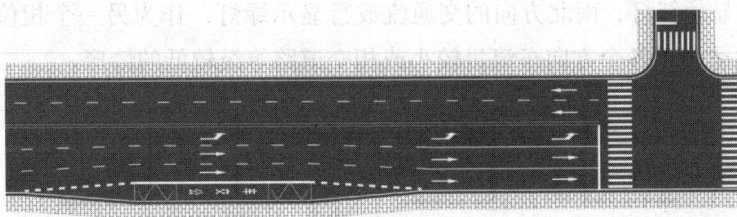

图 5-84　半港湾式公交站点设计

如果公交站点不得不设在进口道，则需考虑公交车并道左转需求，避免公交站点距离交叉口过近，或者设置一个专用信号相位，以使公交车能从右侧车道直接实现左转。

公交优先不仅涉及空间优先，也涉及时间优先。前者主要是指公交专用车道的设置；后者主要是指公交信号优先的实施。

公交信号优先策略包括延长绿灯、早断红灯、跳跃相位、调整相序、插入相位等。延长绿灯策略的绿灯时长不应超过当前相位允许的最大绿灯时长。早断红灯策略的最早提前时间不应早于最小绿灯时间。除此之外，公交信号优先策略的实施还需考虑公交车头时距、干线绿波带宽等因素。

5.4.7 信号运行

交叉口信号控制的目的是从时间上隔离不同方向的交通流，使之有序运行，并获得最大的交通安全性，主要涉及信号相位、信号相序、信号配时、干线信号协调控制及感应信号控制等几方面的运行指标。

5.4.7.1 信号相位

交叉口信号相位方案是指信号灯轮流给交叉口某些方向的机动车、非机动车或行人分配通行权的顺序安排，其中每个控制组合称为一个信号相位。每个相位都有一个或几个方向的交通流拥有通行权，且在任一相位的起点时刻，至少有一个方向的交通流开始拥有通行权，又在任一相位的终点时刻，至少有一个方向的交通流结束通行权。

最简单的信号相位方案为"两相位"，如图 5-85 所示。东西方向的交通流放行显示绿灯，南北方向的交通流禁行显示红灯，作为一个相位；东西方向的交通流禁行显示红灯，南北方向的交通流放行显示绿灯，作为另一个相位。"两相位"方案适用于各个方向车流量较小或相交道路等级较低的情形。

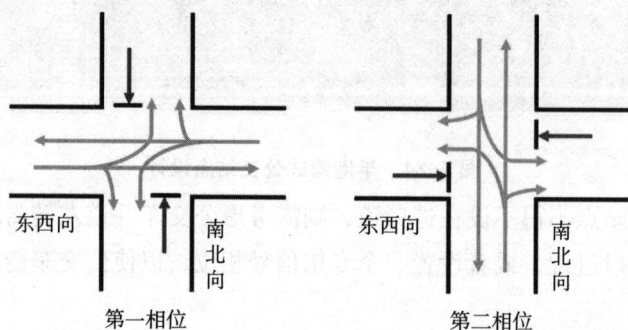

图 5-85 "两相位"信号相位

如果某个或几个方向左转车流量较大，且有条件设置左转专用车道，则应当考虑采用"三相位"或"四相位"方案。标准"四相位"方案如图 5-86 所示。

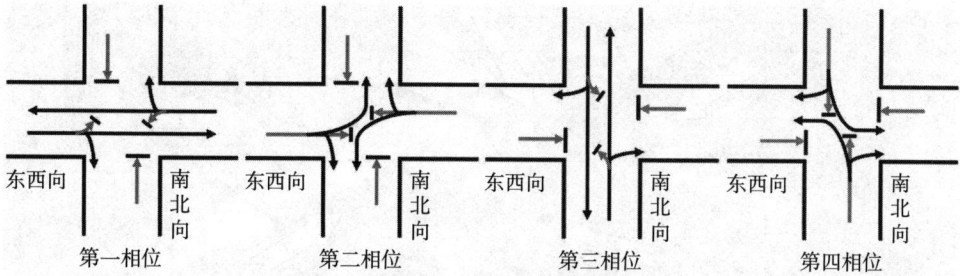

图 5-86　标准"四相位"信号相位

此外，还有一种较为常用的"四相位"方案，俗称"单口轮放"方案，如图 5-87 所示。在正常情况下，"单口轮放"方案的通行效率偏低，一般适合于畸形交叉口、流量严重不均衡等情形。

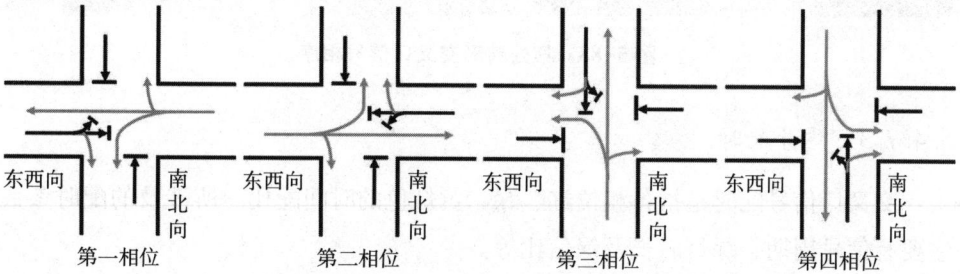

图 5-87　"单口轮放"信号相位

5.4.7.2　信号相序

交叉口信号相序是指各信号相位排列的先后顺序。在多数情况下，信号相序方案对交通流的运行影响不大（但需要考虑道路使用者的交通习惯），然而对于一些特殊的交通组织情形，如设置左转待转区、直行待行区等，则须采用特定的信号相序方案。

此外，对于一些畸形交叉口而言，信号相序方案是否合理，也会影响交叉口运行效率或安全水平。如图 5-88 所示为一处二级公路、村道及城市主干路相交而成的畸形交叉口，在"单口轮放"的相位方案下，"顺时针"相序方案的通行效率优于"逆时针"相序方案的通行效率。

图 5-88 某处畸形交叉口信号相序

5.4.7.3 信号配时

交叉口信号配时是指各相位红、绿、黄灯色的时间配比。所涉及的配时参数主要有信号周期、绿灯时长及绿信比等。

信号周期：是指各个交通流方向完成一组灯色变换所需的总时间。如果信号周期过短，则绿灯损失较多；如果信号周期过长，则车辆排队较长。

绿灯时长：是指在一个信号周期内，某一相位获得的绿灯通行时间。

绿信比：是指在一个信号相位内，某一交通流方向有效通行时间与周期时长之比，其是反映某一交通流方向通行效率的指标。

对于交叉口信号配时的确定需要考虑交通安全、通行效率、通行能力、服务水平等指标及优先车辆、重型货车等特殊需求。特别是出于交通安全方面的考虑，更应对信号配时进行必要的时间约束，如最小绿灯时间、过街清空时间、绿灯间隔时间等。

5.4.7.4 干线信号协调控制

干线信号协调控制简称"线控"，是指将一条干道上一批相邻的信号灯联动起来进行控制，以期达到特定的控制效果。"相位差"是实现协调控制的核心参数，通常有两种含义：

相对相位差：相邻两个信号控制交叉口绿灯或红灯起点的时间差。

绝对相位差：各交叉口绿灯或红灯起点相对于参照交叉口（也称关键交叉口）绿灯或红灯起点的时间差。

"绿波控制"作为最常见的一种干线信号协调控制方案，目的是使机动车在沿一条干道行进过程中连续遇到绿灯信号，从而达到不停车或少停车的目的。尽管在实践应用中，"双向绿波"较常见，但理想的"绿波控制"大多只对干线的单一方向才能实现。

如图 5-89 所示，若将交叉口 A 作为参照交叉口，公共信号周期取 100s，且已知车辆平均行驶时间 $T_{AB} = 110s$、$T_{BC} = 121s$、$T_{CD} = 107s$、$T_{DE} = 186s$，则交叉口 B 的绝对相位差为 10s、交叉口 C 的绝对相位差为 31s、交叉口 D 的绝对相位差为 38s、交叉口 E 的绝对相位差为 24s。相位差的取值一般小于信号周期时长，对于超过信号周期时长的情况，应减去信号周期时长的整倍数。

在此基础上，如果各交叉口协调方向的绿灯时长相同，则可得到一条理想的"单向绿波"，如图 5-90 所示。

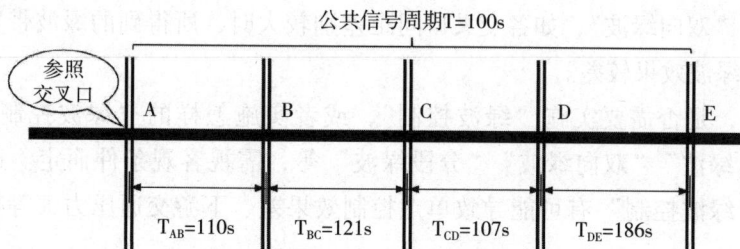

图 5-89　"单向绿波"实现示意

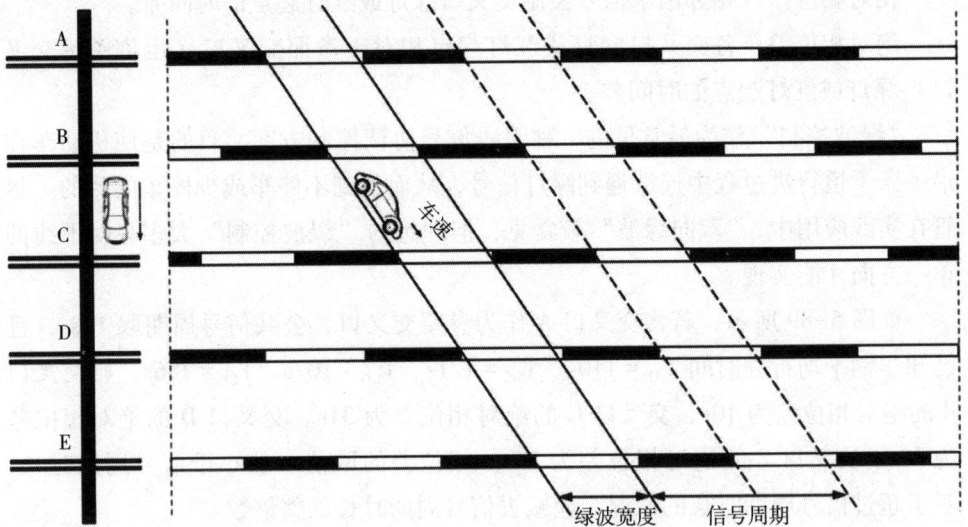

图 5-90 "单向绿波"控制时距图

相较"单向绿波","双向绿波"所要考虑的因素则比较复杂。很多时候不适合采用"双向绿波",如各交叉口间距差别较大时,所得到的绿波带宽往往过小,导致绿波效果较差。

另外,是否需要实施"绿波控制",或者实施怎样的"绿波控制"方案,如"单向绿波""双向绿波""分段绿波"等,需视客观条件而定。违反客观条件的"绿波控制"有可能导致单点控制效果差、下游交通压力大等衍生问题出现。

5.4.7.5 感应信号控制

感应信号控制的实现需要基于交叉口进口附近设置的车辆到达检测器。具体是利用信号控制机设定一个"初始绿灯时间",在初始绿灯时间结束时,若在一个预设的时间间隔内无后续车辆到达,则执行下一个信号相位;但若有车辆到达,则绿灯延长一个"单位绿灯延长时间",依此往复,直至"最大绿灯时间"为止,从而可实现信号配时方案跟随车流的变化而不断优化。在感应控制中,3个基本控制参数的选值很重要,直接影响最终的控制效果。

初始绿灯时间:是指给每个相位预先设置的最小绿灯时长,主要取决于排队车辆启动、加速、通过停止线所需的最短时间;交叉口车辆排队空间;车辆连续排队的清空时间等因素。同时,还需要考虑行人过街时间需求。

最大绿灯时间：是指在绿灯放行过程中，冲突相位存在通行需求时当前绿灯最多能够保持的时长。换句话说，最大绿灯时间规定冲突需求的最大可接受等待时间，主要取决于行人最大等待时间、冲突车流到达率、冲突车流排队空间等因素。

单位绿灯延长时间：是指根据后续车辆到达情况每次延长的绿灯时长，主要取决于检测器布置位置、车流达到速度等因素，至少应保证车辆能从检测器位置行驶通过停止线。

5.5　其他交叉口管理

在交通管理工作中，除无信号控制交叉口、环形交叉口及信号控制交叉口外，还需关注立体交叉口、铁路道口、人行横道口等。

5.5.1　立体交叉口管理

建设立体交叉口的目的主要是保证快速通道（高速公路、一级公路、城市快速路、主干路等）的通行能力。一方面，立体交叉口可将交叉冲突转化为分、合流冲突；另一方面，立体交叉口可将平面交叉的转弯过程路段化。

相较平面交叉口，立体交叉口的几何结构更复杂。依据人因理论，要想更好地管理立体交叉口，前提是做好交叉口规划设计，特别是要尽量保证立体交叉口几何结构的标准化，进而保证立体交叉口交通组织、交通控制及设施布置的一致性。如图 5-91 所示为一个非常规几何结构立体交叉口，对于不熟悉路况的驾驶人，极易出现驾驶彷徨，从而导致交通事故多发。

图 5-91 非常规几何结构立体交叉口

立体交叉口的几何结构受用地限制、交通需求、投资力度、环境影响、交通安全、施工难度等多方面因素影响，所以很难保证所有交叉口都采用标准的几何结构。对于非常规立体交叉口，交通管理部门应重点关注以下三方面。

（1）部分匝道的设计指标偏低，导致与主线速度差过大。此时，应对减速车道、减速标线、警告标志、视线诱导、限速方案及加速车道等方面的交通管理措施进行充分论证，如图 5-92 所示。

图 5-92 非常规立体交叉口匝道线形诱导标线

（2）部分匝道出入口距离过近，交织冲突比较严重。例如，匝道入口距离下游匝道出口过近，导致主线交织段长度不足，如图5-93所示；不同匝道入口距离过近，导致主线交织车流过多，如图5-94所示。此时，可在交织段处增加辅助车道，减小车流交织对主线交通的影响，或减少匝道入口的车道数量，缓解交织段的车流冲突。

图5-93 非常规立体交叉口主线交织段长度不足

图5-94 非常规立体交叉口两个匝道入口距离过近

（3）交叉口结构不规范，导致指路标志信息设计难度大。驾驶人对于常规立体交叉口几何结构具有一定的潜意识，一旦出现非常规情况，则要求指路信息更及时、更清晰、更准确。如图5-95所示，非常规立体交叉口匝道分流处视距不良，导致驾驶人对指路标志的识别距离不足，容易做出错误的判断。

图5-95 非常规立体交叉口指路标志识别不及时

立体交叉口的匝道车道数量一般是在规划设计阶段根据交通需求确定，此外还有以下情况可增加匝道车道：

（1）出口匝道连接地面交叉口进口时为匹配进口通行能力；

（2）出口匝道较短且受地面道路影响车辆排队可能溢至主线；

（3）综合考虑匝道长度、纵坡、重车占比等为避免单车道排队过长。

对于双向2车道的匝道，应通过设置交通标志、隔离设施等避免驾驶人误判逆行驶入对向车道，如图5-96所示。

图 5-96 双向 2 车道匝道入口防逆行处理

立体交叉口的主线车道数量一般是在规划设计阶段根据交通需求确定。除预测交通需求以外，还应适当考虑节假日的激增交通需求、大型活动期间的临时交通需求及突发事件影响的异常交通需求等。此外，在不考虑辅助车道的前提下，立体交叉口的主线车道数量还应满足以下要求：

（1）主线与匝道合流后的车道数量不应小于合流前二者车道数量之和减 1；

（2）主线与匝道分流前的主线车道数量不应大于分流后二者车道数量之和；

（3）主线与匝道的单向车道数量在任何一个位置均不应减少超过 1 条车道。

立体交叉口也可根据需要实施信号控制，主要是在入口匝道实施，用于减小匝道入口的合流冲突，或缓解主线下游的交通压力。若在入口匝道的起始端设置信号灯，则应根据车道数量设置车道信号灯，如图 5-97 所示；若在入口匝道的汇入端设置信号灯，则应设置机动车信号灯，如图 5-98 所示。必要时入口匝道信号灯可与主线上游、下游及地面交叉口进行信号协调联动。

图 5-97 入口匝道起始端设置信号灯

图 5-98 入口匝道汇入端设置信号灯

5.5.2 铁路道口管理

在交通网络中，难免遇到道路与铁路相交的情况。道路与铁路的相交可分为立交与平交两种形式。道路与铁路的平面交叉口称为铁路道口。按照不同的交通控制措施，铁路道口又可分为被动控制与主动控制两种类型。

（1）被动控制铁路道口。施行被动控制的铁路道口主要利用交通标志标线指引道路使用者采取适当的交通行为。在火车经过时，被动控制设施一般不会产生变化，而是依赖于道路使用者自我判断避开火车。被动控制铁路道口采用的交通设施包括停车让行标志、限速标志、无人看守铁路道口标志、铁路平交道口标线等。如果有多条铁路经过，则需在无人看守铁路道口标志上方设置叉形符号，如果未施划铁路平交道口标线，则需在无人看守铁路道口标志下方设置斜杠符号。被动控制铁路道口的交通标志标线设置如图 5-99 所示。

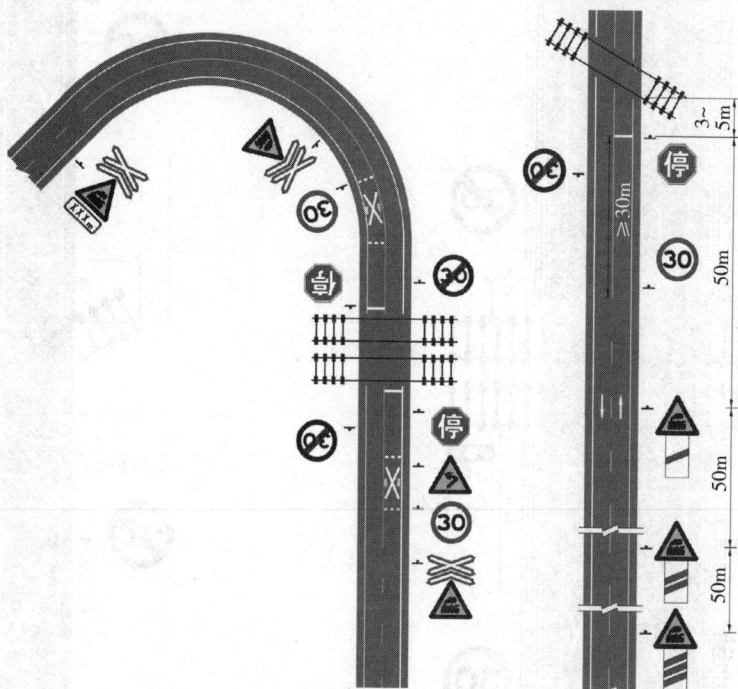

图 5-99　被动控制铁路道口标志标线设置示意

（2）主动控制铁路道口。施行主动控制的铁路道口主要利用信号灯、路障等控制道路使用者采取适当的交通行为。在火车经过时，主动控制设施将会发生变化，包括红灯亮起、栏木放下或栏门关闭，同时配备停车让行标志、限速标志、有人看守铁路道口标志、铁路平交道口标线等。主动控制铁路道口的交通设施设置如图 5-100 所示。

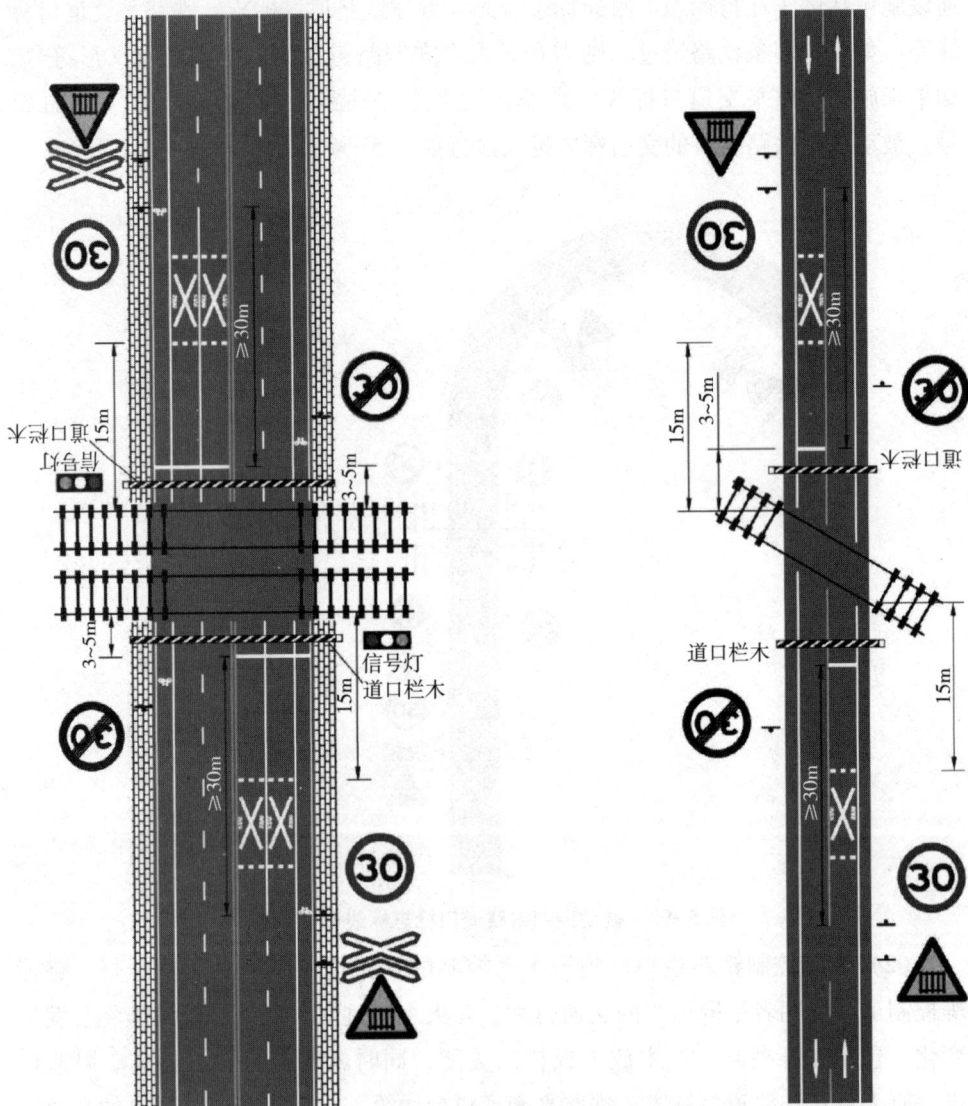

图 5-100 主动控制铁路道口交通设施设置示意

如果通过以上交通管理措施不能有效解决铁路道口的安全、拥堵或秩序问题，则可针对问题的具体来源，提出综合交通管理方案。

（1）如果铁路道口视距不良、重型货车需求较大或道路线形条件较差，若不能移除视线障碍物、禁行大型货车或改造道路线形，则可在上游适当位置额外增设铁路道口警告标志、30km/h 限速标志等；

（2）如果附近的信号控制交叉口车辆排队可能波及铁路道口，则应采取适当的排队干预措施，如在交叉口采用感应信号控制方式；

（3）为了降低铁路道口对附近交叉口的交通干扰，必要时可在交叉口内施划网状线，以免火车通过时排队车辆堵塞交叉口，也可配置相应的指示标志，引导驾驶人选择其他路线；

（4）为了降低铁路道口对附近信号控制交叉口的交通干扰，如图 5-101 所示，可将交叉口与铁路道口的交通信号进行联动，火车通过时将绿灯时间分配给交叉口不受影响的方向，火车通过后为受影响方向适当补偿绿灯时间。

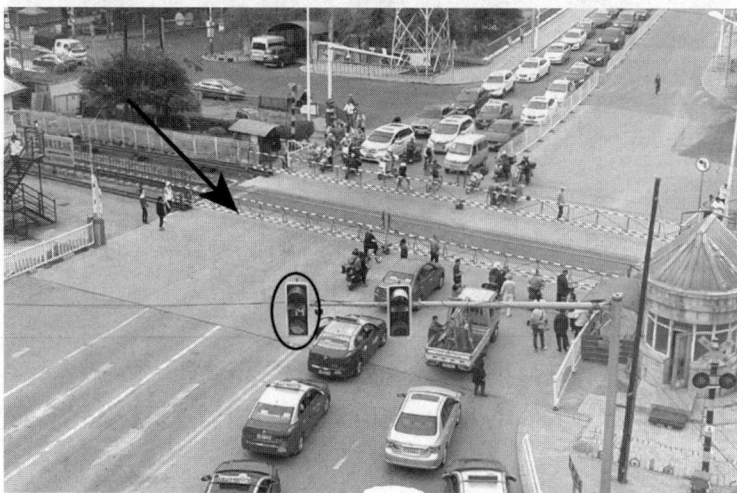

图 5-101　火车通过时交叉口车流受阻方向依然启亮绿灯

5.5.3　路段行人过街管理

路段行人过街设施也可视为一种特殊形式的交叉口。从道路使用者角度考虑，路段行人过街设施作为慢行道路网络的一部分，可提供便捷的慢行服务；从交通管理者角度考虑，路段行人过街设施可将过街需求集中起来，便于交通安全管理，同时最大限度保障道路的通行效率。

依据行人过街的安全性、便利性及建设成本的差别，路段行人过街设施主要分为三类，即无信号控制人行横道、信号控制人行横道及立体人行过街设施。

（1）无信号控制人行横道。无信号控制人行横道一般适用于过街流量不是很大的情况。同时，要求道路车流量不宜太大，否则将会缺少行人过街的可穿越间隙；一次过街距离不宜太长，如双向 4 车道以上的单幅路将使行人长时间处于风险之中；人行横道视距良好，行人与机动车能及时相互识别；道路运行速度不宜太快，否则事故后果会比较严重。为了提高无信号控制人行横道的安全性，可视具体情况采取以下措施：

①通过增设行人过街安全岛使行人更易获得可穿越间隙，而且可减小一次过街距离，同时也可形成行人的物理保护屏障，如图 5-102 所示。

图 5-102　无信号控制人行横道安全岛

②通过拓展路缘石可减小一次过街距离，还可增加过街行人的待行空间，如图 5-103 所示。

图 5-103　无信号控制人行横道拓展路缘石

③通过道路"瘦身"（减少道路有效宽度或将机动车道减少），可减小一次过街距离，同时可对行车速度进行有效控制，如图 5-104 所示。

图 5-104 通过减少机动车道实现道路"瘦身"

④通过科学设置路内停车位可缩减道路宽度，减小一次过街距离，并有效控制车速，同时可为公交车、出租车等提供港湾式停靠空间，甚至通过合理布置停车位可为行人提供过街安全岛，如图 5-105 所示。

图 5-105 利用停车位设置行人过街安全岛

⑤通过设置错位人行横道（俗称 Z 形斑马线），可将一次过街强制分为两个阶段，并在衔接段使行人面对来车方向，从而可提供更好的视线条件，保障行人过街安全，如图 5-106 所示。

图 5-106 无信号控制错位人行横道

⑥必要时在交叉口进口展宽过渡段位置设置人行横道，此时可利用导流岛作为行人过街安全岛，如图 5-107 所示。

图 5-107 利用交叉口展宽过渡段导流空间设置人行横道

（2）信号控制人行横道。信号控制人行横道一般适用于过街流量较大，或儿童、学生、老年人、残障人士等交通弱势行人过街需求较大的情况，或因过街距离、视距条件、运行速度等缘由不宜设置无信号控制人行横道的情况。

信号控制人行横道在为过街行人提供空间通行权的同时，也提供时间通行权，从而更好地保证行人安全，但对主线车辆通行效率影响较大。为此，对于信号控制人行横道的设计要求过街距离尽量要小，从而压缩行人过街最小绿灯时间，必要时可采用行人二次过街信号控制，如图 5-108 所示；科学优化信号运行方案，在保证行人过街需求的同时尽可能减小机动车延误，必要时可采用按钮式或感应式人行横道信号灯，如图 5-109 所示。

图 5-108　行人二次过街信号控制

图 5-109　按钮式人行横道信号灯

（3）立体人行过街设施。立体人行过街设施包括过街天桥与地下通道，二者的选择主要考虑建设成本、施工难度、环境协调等因素。立体人行过街设施一般适用于过街流量很大（如商业中心、学校、医院、车站、广场等附近）、运行速度很高（如快速路）、机动车流量很大（如城市走廊）等位置。

在规划设计立体人行过街设施的同时，还应考虑利用率的问题，一旦建成后不能保证被充分利用，甚至造成大量违法过街行为，则主管部门将会陷入尴尬的境地，如图 5-110 所示。

图 5-110　交叉口附近过街天桥下大量行人违法过街

为了提高立体人行过街设施的利用率，应保证设施本身的可用性，包括通道连续性、平整度、坡度及无障碍设施、照明设施等；通过行人隔离设施、中央隔离设施、交通标志标线等管控或指引行人选择立体人行过街设施通行；必要时可采取现场宣传、教育、处罚等措施，提高行人的交通规则意识；如果非机动车不便通行立体人行过街设施，则应合理设计非机动车通行路线。

📜 课后作业

1. 选择一处无信号控制交叉口制定交通管理方案。

2. 选择一处环形交叉口制定交通管理方案。

3. 选择一处信号控制交叉口制定交通管理方案。

第6章 路段交通管理

除交叉口以外，路段也是道路构成的基本要素。随着路域环境、交通构成等方面的复杂化趋势，路段交通管理工作也有了更高的技术要求。本章首先介绍道路横断面的基本知识，并对车道管理、限速管理等方法进行阐述。

6.1 横断面

道路横断面是指针对各级道路，考虑道路功能、交通环境、自然条件等因素，确定的道路断面形式、车道数量及结构参数。横断面设计作为路段交通管理的核心，对于道路的安全性、畅通性、舒适性及经济性都有重要影响。

6.1.1 断面形式

由于交通量、交通构成、行车速度、运输里程等方面的差异性，城市道路与公路的横断面形式要求往往不同。

6.1.1.1 城市道路横断面

城市道路横断面主要分为单幅路、两幅路、三幅路及四幅路等4种形式。

（1）单幅路。单幅路一般是指不设分隔带的道路横断面形式，也被称为"一块板"，如图6-1所示。单幅路设计简单，节省道路用地，但是由于各种类型车辆混合行驶，对于交通安全、秩序等方面有一定的不利影响。

图 6-1 单幅路

（2）两幅路。两幅路一般是指利用中央分隔带将道路分为两部分的横断面形式，也被称为"两块板"，如图 6-2 所示。相较单幅路而言，两幅路将对向行驶的车辆分开，可减少行车干扰，提高行车安全，而且分隔带可用于设施布置、管线敷设、城市绿化等。

图 6-2 两幅路

（3）三幅路。三幅路一般是指利用机非分隔带将道路分为三部分的横断面形式，即中间为双向行驶的机动车道，两侧为右侧行驶的非机动车道，也被称为"三块板"，如图 6-3 所示。相较两幅路而言，三幅路将同向行驶的机动车与非机动车分开，可减少机非冲突，提高非机动车的安全性，但其未将对向行驶的机动车分开。

图 6-3　三幅路

（4）四幅路。四幅路是指同时利用中央分隔带、机非分隔带将道路分为四个部分的横断面形式，也被称为"四块板"，如图 6-4 所示。相较其他横断面形式，四幅路可更好保证行车安全与秩序，但其占地面积更大、建设成本较高，而且有可能增加部分车辆的绕行距离。

图 6-4　四幅路

如果快速路两侧设有辅路，则应采用四幅路，否则应采用两幅路；主干路宜采用三幅路或四幅路；次干路宜采用两幅路或三幅路；支路宜采用单幅路。

同一条道路宜采用相同的横断面形式，若不得不改变形式，则应设置横断面形式的过渡段。桥梁、隧道等横断面形式应与路段保持一致。

城市道路横断面主要是由机动车道、非机动车道、人行道、分车带、设施带、绿化带等构成，如图 6-5 所示，特殊横断面还可包括应急车道、路肩、排水沟等。

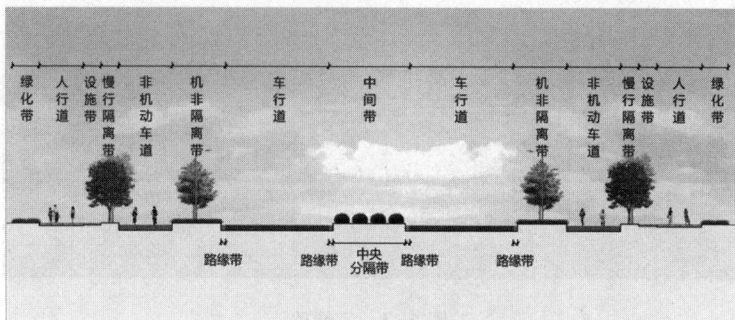

图 6-5　城市道路一般横断面构成

6.1.1.2　公路横断面

公路横断面主要是指路基横断面，分为整体式断面形式与分离式断面形式。

（1）整体式断面。整体式断面是指利用中央分隔带、车道中心线等将上、下行车道分隔在距离较小且同一平面的公路断面形式，如图 6-6 所示。在道路设计过程中，自然条件允许时应尽量选择整体式断面形式。

图 6-6　整体式断面

（2）分离式断面。分离式断面是指上、下行车道被分在距离足够大或不同平面的公路断面形式，如图 6-7 所示。在道路设计过程中，如遇到自然横坡较陡、工程地质复杂等特殊情况，可考虑选择分离式断面形式。

图 6-7 分离式断面

对于不同等级的公路，横断面构成存在一定的差别。

（1）高等级公路。高速公路、一级公路等高等级公路整体式路基横断面一般是由车行道、中间带、路肩等部分组成，如图 6-8 所示。分离式路基横断面一般是由车行道、路肩等部分组成，如图 6-9 所示。

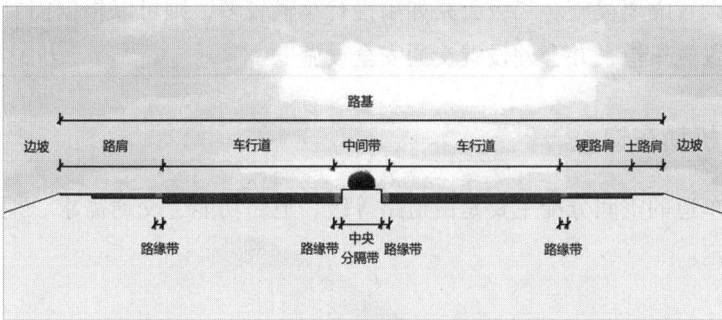

图 6-8 高等级公路一般整体式路基横断面构成

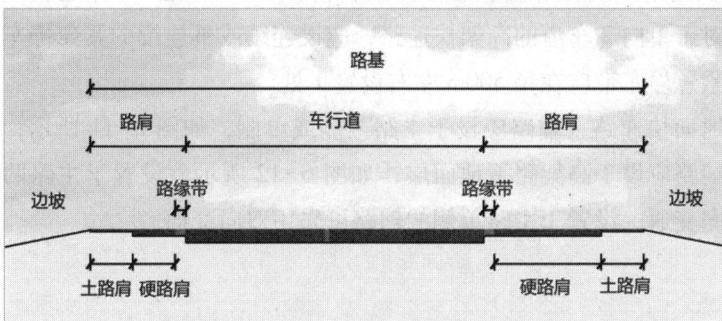

图 6-9 高等级公路一般分离式路基横断面构成（右半幅）

（2）其他等级公路。二级公路、三级公路、四级公路一般采用整体式路基横断面形式，主要是由车行道、路肩等部分组成，如图 6-10 所示。

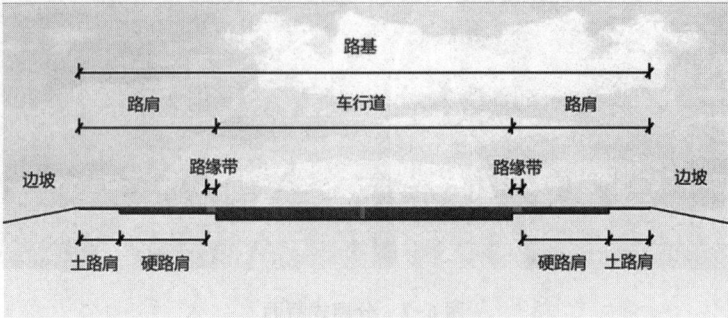

图 6-10　其他等级公路一般整体式路基横断面构成

对于行人、非机动车密集或在城市出入口附近的公路，可设置人行道、非机动车道、机非分隔带等设施。

一级公路如果慢行车辆较多，则可利用右侧硬路肩设置慢车道，并在快、慢车道之间设置隔离设施。二级公路如果慢行车辆较多，则可以根据需要通过加宽硬路肩设置慢车道，并合理设置交通安全设施。

6.1.2　机动车道

机动车道的空间分配主要是由道路等级、道路功能、交通需求、地形条件等因素所决定。

6.1.2.1　城市道路

（1）快速路。快速路主路机动车道可分为单向 2 车道、3 车道及 4 车道等几种情形。对于单向 2 车道的高架快速路，应设连续或不连续的紧急停车带，其中不连续的紧急停车带应在每 500m 左右设置 1 处。

对于地面快速路，辅路应设于主路两侧或单侧，如图 6-11 所示；对于高架快速路，辅路应设于高架路下地面层，如图 6-12 所示。设置于主路两侧的辅路应采用单向交通；设置于主路单侧的辅路可采用双向交通。

a）辅路设于主路两侧　　　　　　　　　　b）辅路设于主路单侧

图 6-11　地面快速路辅路

图 6-12　高架快速路辅路

依据《城市快速路设计规程》（CJJ 129—2009），快速路机动车道的宽度应符合表 6-1 有关规定。

表 6-1　快速路机动车道宽度要求

车道类型	设计速度（km/h）	车道宽度（m）	
		大型车或混行车	小客车
主路	100、80、60	3.75	3.5
辅路	40、30	3.5	3.5、3.25

（2）其他等级城市道路。主干路多为双向 6 车道或 8 车道的断面配置，交通连续性较好的主干路也可采用双向 4 车道的断面配置，如图 6-13 所示；交通量很大或有特别重要地位的主干路也可采用双向 10 车道及以上的配置，如图 6-14 所示。

图 6-13 双向 4 车道主干路

图 6-14 双向 10 车道主干路

支路多为双向 2 车道（包括单行路）的断面配置。道路宽度较小时或因非机动车、路内停车等空间需求，也可采用双向 1 车道的单行配置，如图 6-15 所示；道路宽度允许且为满足流量需求时，可采用双向 3 车道的配置，如图 6-16 所示。

图 6-15 双向 1 车道支路

图 6-16 双向 3 车道支路

依据《城市道路工程设计规范》（CJJ 37—2012），其他等级城市道路机动车道的最小宽度应符合表 6-2 有关规定。

表6-2 城市道路机动车道最小宽度要求

车道类型	设计速度（km/h）	
	>60	≤60
大型车或混行车道（m）	3.75	3.5
小客车专用车道（m）	3.5	3.25

6.1.2.2 公路

依据《公路路线设计规范》（JTG D20—2017），公路机动车道的数量应符合表6-3有关规定。

表6-3 公路机动车道数量要求

技术等级	高等级公路	二级公路	三级公路	四级公路
车道数量（条）	≥4	2	2	2或1

依据《公路路线设计规范》（JTG D20—2017），公路机动车道的宽度应符合表6-4有关规定。

表6-4 公路机动车道宽度要求

设计速度（km/h）	120	100	80	60	40	30	20
车道宽度（m）	3.75	3.75	3.75	3.5	3.5	3.25	3

双向8车道及以上公路的内侧第1、2车道仅限小客车通行时其车道宽度可采用3.5m。

对于通行以中、小型客车为主且设计速度为80km/h及以上的公路，经论证通过后车道宽度可采用3.5m。

四级公路采用单车道时其车道宽度应采用3.5m。二级公路设置的慢车道宽度可采用3.5m。

高速公路、一级公路及二级公路设置的爬坡车道宽度不应小于3.5m，且不大于4m。高等级公路立体交叉口、服务区、停车区等与主线衔接处设置的加、减速车道宽度应为3.5m。

6.1.3 中间带

中间带是由中央分隔带与两侧路缘带组成。中央分隔带内一般设置护栏、绿植等设施，地下往往埋设网、电等管线。路缘带通常采用交通标线或者不同路面颜色表示。

在交通运行中，中间带的主要功能如下：

（1）分隔双向机动车，保证行车安全、秩序及效率；

（2）为机动车提供容错空间，降低交通事故发生率；

（3）可起到视线诱导、防止眩光及提高行车舒适性的作用；

（4）可为过街行人提供安全驻足空间；

（5）可作为设置标志、照明、监控等设施的场地；

（6）可起到美化环境、净化空气、改善驾驶人情绪等作用。

依据《城市道路工程设计规范》（CJJ 37—2012），城市道路中间带的宽度应符合表6-5有关规定。

表6-5 城市道路中间带宽度要求

设计速度 （km/h）	中间带最小宽度 （m）	中央分隔带最小宽度 （m）	路缘带宽度 （m）
≥60	3	2	0.5
<60	2	1.5	0.25

高等级公路的中央分隔带宽度应视中央分隔带的具体功能而定。依据《公路路线设计规范》（JTG D20—2017），公路路缘带的宽度应符合表6-6有关规定。

表6-6 公路路缘带宽度要求

设计速度（km/h）	120	100	80	60
一般值（m）	0.75	0.75	0.5	0.5
最小值（m）	0.5	0.5	0.5	0.5

城市主干路应视交叉口间距合理规划中央分隔带的开口，主要供机动车掉头使用。若开口过多，则对交通运行影响过大；若开口过少，则会导致机动车绕行

距离过大。

高等级公路中央分隔带的开口应视实际需要而定，最小间距应不小于 2km。中央分隔带开口长度不宜大于 40m。8 车道及以上车道数的高速公路开口长度可适当增加，但不应大于 50m，且应设置可移动护栏。

6.1.4 非机动车道

非机动车道的设计主要考虑车道宽度、平整度、连通性、纵坡度、视距条件及交通标志、标线、隔离设施等因素。

除快速路、高速公路外，其他等级城市道路或公路均可能有非机动车的通行需求。针对不同的交通运行特征，非机动车道可分为以下 6 种类型。

6.1.4.1 非机动车专用道

非机动车专用道在车道宽度、平整度、交通设施等方面具有较高的技术要求，多铺装彩色路面，如图 6-17 所示，且与机动车道的交叉多通过立体交叉、信号控制等方式减小机非冲突。荷兰、德国等一些国家的非机动车专用道甚至设置有爬坡助力、车辆维修等服务设施。

图 6-17 非机动车专用道

6.1.4.2 缘石上非机动车道

作为机非隔离的首选断面形式，非机动车道设置在路缘石上将为非机动车的行车安全提供充分保障。如有需要，也可以铺装彩色路面，提高骑行者对非机动车道的识别。缘石上非机动车道可视条件实施单向通行，或者实施双向通行，如图 6-18 所示。

图 6-18　缘石上非机动车道

很多时候，路缘石上的道路条件不能满足设置非机动车道的要求，此时可考虑整体拓宽道路、压缩机动车道、取消停车泊位等措施。

6.1.4.3　缘石下物理隔离非机动车道

如果路缘石上不具备设置非机动车道的条件，则只能在缘石下设置非机动车道，此时最好通过隔离带或隔离栏实现机非车道的物理隔离，如图 6-19 所示。

图 6-19　缘石下物理隔离非机动车道

　　缘石下物理隔离的非机动车道一般实施单向通行，如遇以下特殊情况也可以考虑实施双向通行。

　　（1）道路宽度不足以在道路两侧设置非机动车道；

　　（2）沿线横向相交道路很少，机非冲突点不多；

　　（3）出行起讫点绝大多数分布在道路一侧，如临河道路，如图 6-20 所示。

图 6-20　临河道路非机动车道双向通行

6.1.4.4　缘石下标线隔离非机动车道

　　如果双向机动车道不足 4 条，或设计速度不大于 40km/h，则可仅利用交通标线实现机非车道的隔离，如图 6-21 所示。但若机动车流量较大，或路侧随意停车较多，则不建议标线隔离非机动车道。

图 6-21　缘石下标线隔离非机动车道

6.1.4.5 停车泊位共享非机动车道

在同时具有非机动车通行需求、路侧停车需求且道路宽度不足的情况下，可考虑采用停车泊位共享非机动车道的形式，一般适用于临时或限时停车泊位，如图 6-22 所示。但要注意，停车位应为平行式，且与非机动车道之间保持足够宽的间隙，避免形成"开门杀"事故隐患。

图 6-22 停车泊位共享非机动车道

6.1.4.6 机非混行车道

如果道路宽度不足，或非机动车流量很小，也可采用机非混行车道模式，如图 6-23 所示。对于机非混行车道，应对机动车的速度进行严格控制，速度差不应大于 40km/h，且应利用标志标线明确非机动车的优先通行权。

图 6-23 机非混行车道

此外，还有一些不常见的非机动车道类型，如潮汐非机动车道、停车位隔离非机动车道等。

图 6-24　潮汐非机动车道

图 6-25　停车位隔离非机动车道

公路如有较大的非机动车通行需求，则应有效利用路肩空间，参考城市道路非机动车道的设计标准，采用适合的非机动车道类型。

依据《城市道路工程设计规范》（CJJ 37—2012），一条非机动车道通行自行车时宽度不应小于 1m；通行三轮车时宽度不应小于 2m。与机动车道合并设置的非机动车道，车道数单向不应小于 2 条，宽度不应小于 2.5m；单向非机动车专用道的路面宽度不宜小于 3.5m，双向不宜小于 4.5m。

6.1.5　人行道

人行道的设计主要考虑人行道宽度、平整度、连通性、纵坡度及交通标志、标线、隔离设施等因素，同时需要关注老年人、盲人及乘坐轮椅、推婴儿车等有特殊出行需求的道路使用者。下面列举了人行道设计的细节问题。

6.1.5.1　人行道设置路缘石

人行道的边缘可设置高于道面的路缘石，防止轮椅、婴儿车等脱离人行道，如图 6-26 所示。

图 6-26　人行道设置路缘石

6.1.5.2　人行道设置防护栏杆

如果人行道的边缘存在较大高差，则应设置必要的防护栏杆，避免行人意外跌落，如图 6-27 所示。

图 6-27　人行道设置防护栏杆

6.1.5.3 人行道长下坡段设置缓冲平台

如果人行道存在长下坡路段，则易导致老年人、儿童以及乘坐轮椅、推婴儿车等道路使用者出现严重的伤害风险。为此，应在长下坡路段适当设置缓冲平台，增加行人的自控能力，也可作为驻足空间，如图6-28所示。

图 6-28　人行道长下坡段设置缓冲平台

依据《城市道路工程设计规范》（CJJ 37—2012），人行道的宽度应符合表6-7有关规定。

表6-7　人行道宽度要求

人行道类型	各级道路	商业或公共场所集中路段	火车站、码头附近路段	长途汽车站
一般值（m）	3	5	5	4
最小值（m）	2	4	4	3

6.1.6　停车空间

道路的主要功能是为人或货物提供安全、高效、有序的空间移动。对于长时停车需求，应尽可能通过路外（道路红线以外）空间进行满足。对于临时待行、上下客、装卸货物等短时停车需求，有时不得不占用路内（道路红线以内）空间。

如果城市路外停车供给严重不足，则不得不考虑设置路内停车位。但城市的路内停车位数量不应占比过大，建议不超过总量的20%。此外，路内停车位设置还应考虑道路等级、交通运行、道路宽度等因素。

（1）道路等级。快速路主路不允许设置路内停车位；主干路不应设置缘石下的路内停车位；次干路应严格控制缘石下的路内停车位设置。

（2）交通运行。依据《城市道路路内停车位设置规范》（GA/T 850—2021），占用机动车道设置停车位后的饱和度宜符合表 6-8 的规定；占用非机动车道设置停车位后的饱和度宜符合表 6-9 的规定；占用机非混行车道设置停车位后机动车平均行程速度宜符合表 6-10 的规定。

表 6-8　占用机动车道设置停车位后饱和度要求

机动车单侧道路高峰小时饱和度	<0.8	≥0.8
停车位设置可行性	可设置	不可设置

表 6-9　占用非机动车道设置停车位后饱和度要求

机动车单侧道路高峰小时饱和度	<0.85	≥0.85
停车位设置可行性	可设置	不可设置

表 6-10　占用机非混行车道设置停车位后机动车平均行程速度要求

机动车平均行程速度（km/h）	≥10	<10
停车位设置可行性	可设置	不可设置

（3）道路宽度。占用机动车道、非机动车道及人行道设置停车位后的剩余宽度均应满足道路使用者的正常通行及机动车停车需求，详见《城市道路路内停车位设置规范》（GA/T 850—2021）有关规定。如图 6-29 所示，路内停车位的设置导致行人通行空间不足。

图6-29 占用人行道设置路内停车位后剩余宽度不足

路内停车位的设计主要考虑停车位的布设方式、排列方式、设置位置（横向位置、纵向位置）、停车时间等方面。

（1）布设方式。按照布设方式的不同，路内停车位可分为港湾式、线湾式与非港湾式停车位。港湾式与线湾式停车位通常用于公交车、出租车、接送车、配送车临时上下客或装卸货物时使用，适用于道路空间比较有限的干路，可有效缓解停车对主线交通运行的影响，如图6-30所示。

图6-30 港湾式路内停车位

（2）排列方式。按照排列方式的不同，路内停车位可分为平行式、垂直式及倾斜式停车位，如图6-31所示。其中，垂直式与倾斜式停车位应谨慎采用，除了占用道路空间更大以外，还因倒车过程中驾驶人视线易被遮挡、进出机动车易导致交通冲突等易形成较大的交通安全隐患。

a）平行式　　　　　　　　b）垂直式　　　　　　　　c）倾斜式

图 6-31　路内停车位排列方式

（3）设置位置。依据《城市道路路内停车位设置规范》（GA/T 850—2021），下列位置不应设置路内停车位。

①主干路、次干路交叉口渠化段；

②支路距离交叉口停止线 20m 以内路段；

③人行横道处；

④铁路道口、急弯处、陡坡处、桥梁段、隧道段及其 50m 范围内路段；

⑤公交站、急救站、加油站、消防站门前及其 30m 范围内路段；

⑥水、电、气等地下管道工作井及 1.5m 范围内路段。

此外，路内停车位的设置不能影响道路出入口的安全停车视距，否则易导致出入口处发生交通事故。如图 6-32 所示，路内停车位严重遮挡驾驶人视线。

图 6-32　路内停车位遮挡驾驶人视线

公路一般不设置路内停车位,如遇交通事故、车辆抛锚等特殊情况,可利用路肩作为车辆应急停车空间,但在正常情况下一般不允许占用路肩停车,以免阻碍应急车辆、非机动车、行人等通行。

高等级公路的硬路肩宽度较小时应设置紧急停车带。紧急停车带的宽度不应小于3.5m,有效长度不应小于40m,间距不应大于500m,并应在其前后设置不短于70m的过渡段,如图6-33所示。其他等级公路可视情况设置紧急停车带。

图6-33 紧急停车带

高速公路主线不应设置客运汽车停靠站,如公交车、校车、中长途客车等。一级公路主线客运汽车停靠站应含停留车道、加速车道、减速车道、渐变段等。其他等级公路客运汽车停靠站应含停留车道、加速段、减速段等。为了保证公路客运汽车停靠过程中的交通安全,不建议在弯道段、坡道段或交叉口进出口道等高风险位置设置停靠站,如图6-34所示。

图6-34 弯坡组合段设置客运汽车停靠站

6.2　车道管理

车道管理是指针对车辆的通行需求，通过一系列管理措施对不同车道的使用进行适当规范、限制或控制，从而保证道路交通运行的安全性、畅通性及有序性，主要包括车辆动线管理、潮汐车道管理、单行路管理等内容。

6.2.1　车道功能

车道功能是指不同车道所承担的具体交通任务与行驶规则。考虑交通功能的差异可将车道界定为不同类型，不同类型的车道通常有着特定的交通管理需求。车道可分为机动车道与非机动车道两大类。

6.2.1.1　机动车道

机动车道是指专供机动车行驶的车道。相比非机动车道，机动车道一般宽度较大、交通量较大、行车速度较快，导致行车风险更高，也更容易发生交通拥堵，所以交通管理部门通常对于机动车道的交通设计更加精细、交通管理更加严格、交通设施布设也更齐全。用于机动车道管理的交通设施主要包括车道行驶方向标志、机动车车道标志、注意合流标志、限制速度标志、车道分界线、导向箭头、减速标线、车道信号灯、不按车道行驶电子警察系统等。

机动车道又可分为公交专用车道、多乘员车道、危化品专用车道、应急车道、爬坡车道等不同类型。

（1）公交专用车道。1948 年，美国罗德岛州普罗维登斯市通过改造无轨电车隧道建成世界首条公交专用车道。1956 年，美国田纳西州纳什维尔市建成世界首条路侧公交专用车道。1997 年，北京市建成我国首条公交专用车道。时至今日，国内很多城市的公交专用车道长度已达数百公里，甚至上千公里。

公交专用车道可使公交出行效率有所提升，例如美国林肯隧道公交专用车道、北京三环路公交专用车道等均使公交车速度大幅提升，高峰小时客流量显著增加，甚至起到了改变人们出行方式的作用。然而，公交专用车道也因利用率问题饱受诟病，特别是在高峰时段公交专用车道长时间闲置引起较大争议，如图6-35 所示。因此，应对公交专用车道设置的必要性、可行性及专用时段、专用车型等问题进行充分论证后再实施。

图 6-35　高峰时段公交专用车道利用率低

一套完整的公交专用车道管理方案应有：精细化交通工程设计，包括交叉口渠化、公交线路规划、公交站点设置等；交叉口公交信号优先，包括延长绿灯、早断红灯、插入相位等；智能化交通系统辅助，包括实时交通监控系统、公交车定位系统、车道状态控制系统、动态交通诱导系统等。

（2）多乘员车道。多乘员车道也称高容量车道、高载客车道等，是指仅供超过规定乘客数车辆通行的车道，也可与公交专用车道合用，以提高道路使用效率、缓解交通拥堵、促进节能减排，如图 6-36 所示。

图 6-36　多乘员车道

1969 年，美国弗吉尼亚州雪莉高速公路建成世界首条多乘员车道。2014 年，我国江苏省无锡市启用国内首条多乘员车道。目前，上海、深圳、成都、沈阳、大连等多个城市在使用多乘员车道。

多乘员车道一般允许乘客数为 2 人及以上的小汽车、公交车、大客车等车辆行驶，并由交通管理部门通过摄像头抓拍、现场抽检等方式进行执法监督。不过，在应用推广过程中，多乘员车道也因一些问题饱受诟病，如执法难度较大、应用效果有限等。

（3）危化品专用车道。随着化工产业的快速发展，危化品交通运输量日益增长。危化品车与客车、普通货车等车辆混行，容易造成道路拥堵，一旦发生碰撞、侧翻，极易引发重大安全事故，特别是对城市、城郊、村镇等复杂道路交通环境，安全风险很高。因此，为了规范危化品车通行道路的交通秩序，降低交通安全风险，很多城市在危化品运输专线上设置危化品专用车道。

危化品专用车道分界线一般采用黄色实线，并在车道起终点、交叉口等位置设有黄色虚线，以便危化品车能够按需调整路线，且在车道上施划如"危化品专用车道"等字样，提醒其他车辆注意避让。

为了规范危化品专用车道的使用，可利用电子警察系统对专用车道进行实时监控，并对违规占道行为进行查处。此外，危化品专用车道通常设置更低的限制速度，采用更严格的限载规定。

（4）应急车道。应急车道通常设置于高速公路或快速路的右侧，以供处理紧急事务车辆使用，如工程救援、消防救援、医疗救援或警察执行紧急公务等，或供发生故障的社会车辆临时停靠使用，避免影响其他车辆的正常行驶。

《中华人民共和国道路交通安全法实施条例》第八十二条规定，机动车非紧急情况时不得在高速公路应急车道行驶或者停车。交通管理部门一般通过人工巡查、自动抓拍等手段，及时发现、制止或处置非法占用应急车道的行为。

近年来，随着高速公路与快速路交通拥堵的不断加重，国内外不少城市尝试动态开放应急车道，特别是在高峰时段、节假日等，从而实现既有道路扩容，缓解短时交通供需矛盾，如图 6-37 所示。

图 6-37　应急车道动态开放

（5）爬坡车道。爬坡车道一般设置在公路主线行车道的外侧，供慢速行驶的载重货车上坡时使用，从而可维持其他车辆的正常行车速度，保证道路通行能力，同时也可避免速度差过大而导致的交通安全隐患。

由于建设成本较高，所以只在满足特定条件时才考虑建设爬坡车道。例如，上坡路段载重货车的行驶速度低于允许最低速度；上坡路段设计通行能力不足；二级及以下等级公路的上坡路段受到交通构成、坡长、视距、速度差等因素综合影响，存在较大的交通安全隐患且可通过设置爬坡车道显著改善的情况等，如图6-38所示。

此外，还有一些具有特殊功能的车道，如避险车道、称重车道、收费车道、安检车道、可变车道、潮汐车道等。

图 6-38　二级公路爬坡车道

6.2.1.2 非机动车道

非机动车道是指专供非机动车行驶的车道。相比机动车道，非机动车道一般宽度较小、交通量较小、行车速度较慢，通常交通事故风险更低，或者事故后果严重程度较低，而且由于非机动车行车相对灵活，发生交通拥堵，特别是长时间拥堵的情况不多。但若不能妥善处理机非之间的隔离、冲突等问题，则势必增加非机动车的事故风险，同时影响机动车通行秩序，如图6-39所示。因此，交通管理部门对于非机动车道的管理更加关注非机动车出行的便捷性及与机动车之间的相互干扰问题。

图6-39 非机动车占用机动车道行驶

6.2.2 车辆动线

车辆动线是指车辆行驶时所形成的轨迹。一条车道上的车辆动线包括直行、并道、合流、分流、左转、右转、掉头、倒车等情况。交通管理部门利用标线、标志、隔离等设施进行车辆动线管理，作为保证行车安全与秩序的基础条件。

6.2.2.1 直行动线

在所有的车辆动线中，直行动线所占比重最大。在正常情况下，车辆的直行动线无须增加额外的管理措施，如施划导向箭头、车道分界实线、路面文字标记等，否则有可能适得其反，增加驾驶人理解的负担。例如，一旦驾驶人见到导向箭头，即可预判前方接近交叉口、匝道口、急弯路等，如图 6-40 所示。但若施划多余的导向箭头，则会造成驾驶人的误判。

图 6-40　高速公路匝道口导向箭头

6.2.2.2　合流动线

在交通运行中，一旦车道数量变少，则将出现合流动线。如果待合流车道的运行速度不快，则可实施"交替通行"的车辆动线管控措施，如图 6-41 所示；如果待合流车道的运行速度较快或者速度差较大，则可通过适当长度的车道分界实线、导流线或隔离设施，管控合流区的车辆动线，如图 6-42 所示。

图 6-41　拉链式交替通行

图 6-42 合流区通过延长导流线长度管控车辆动线

6.2.2.3 分流动线

分流动线大多出现在高速公路或快速路接近出口匝道的位置。一般需要利用指路标志对驾驶人进行预告、告知及指引，并利用右转导向箭头、混合导向箭头及直行导向箭头，且通过控制匝道入口虚线长度，管控分流区的车辆动线。

如果分流区涉及车道较多，导致分流动线比较复杂，则可考虑施划路面文字标记，或设置车道行驶方向标志，如图 6-43 所示。

图 6-43 分流区车道行驶方向标志

6.2.2.4 左转动线

左转动线主要是指车辆通过左转进入接入口或出入口的行车轨迹。对于不同等级的道路，左转动线的管控方式存在差别。

一级公路、主干路等较高等级道路的左转动线最好是从如图 5-3 所示的展宽段内开始，从而避免其对直行交通流的影响。但若不具备展宽的条件，则应尽可能禁止车辆在接入口或出入口处左转，或在高峰时段禁止车辆左转。此外，考虑交通冲突问题，即使具备展宽的条件，对于双向 4 车道以上、限速 70km/h 或行人过街需求大的道路也应禁止车辆在接入口或出入口处左转。

一般对较低等级公路、支路等道路的左转动线管控相对比较宽松，但对开口密度较大、运行速度较快、道路线形不良等特殊情况，也应严格限制左转动线。对于交通事故风险偏高且不得不允许车辆左转的情况，可以借鉴图 5-10 所示的交叉口主路左转岛化处理方式。

6.2.3 潮汐车道

潮汐车道是指根据不同时段车流量的潮汐变化特点，通过交通标志、标线、信号灯等，实现车辆通行方向变换的车道。潮汐车道的设置可动态调整不同行驶方向的车道数，从而达到提高车道利用率、缓解重车流方向交通拥堵的目的。

潮汐车道功能的实现主要依靠车道信号灯、地面可变标识或可移动隔离设施等交通管理设施。

（1）车道信号灯。车道信号灯通过不同显示内容控制潮汐车道的使用。"红色叉形"表示所受方向禁止通行；"绿色向下箭头"表示所受方向允许通行。

（2）地面可变标识。有些国家通过安装地面可变标识控制潮汐车道的使用。可变标识通常为导向箭头形状，且可根据需要变换指示方向。

（3）可移动隔离设施。如果道路运行速度较高（一般大于 60km/h），则最好实施潮汐车道的物理隔离。可移动隔离设施通常采用机械化布设，如图 6-44 所示；或者设置自动化护栏，如图 6-45 所示。

图 6-44　潮汐车道隔离墩布设"拉链车"

图 6-45　潮汐车道自动化护栏布设"机器人"

在交通管理中，潮汐车道作为一种缓解拥堵见效较快的措施，也存在一些较明显的缺点。

潮汐车道的运行通常会使交通事故风险增加，特别是起终点衔接位置的交通事故风险较高。通过设置潮汐车道可移动隔离设施能够降低交通事故风险，同时也能降低交通设计、信号控制等复杂程度，但可移动隔离设施的经济成本较高。

为了降低潮汐车道的交通事故风险，一般需降低道路限速值，从而影响道路通行效率。如果交叉口左转车流量较大，则会影响潮汐车道通行效率。此外，如果道路为两幅路，则将出现同一方向车流分布在中间带两侧的情况，此时应避免设置无信号控制的人行横道，如图6-46所示，否则将会影响行人过街安全。

图6-46　两幅路设置潮汐车道

鉴于潮汐车道的以上缺点，设置前应对其可行性进行评估。潮汐车道的设置一般应同时满足如下条件。

（1）交通流失衡条件：路段常态化出现时段性、方向性失衡交通需求，双向车流量比值不小于1.5；

（2）机动车道数量条件：至少需要双向3条车道，最好有双向5条及以上车道；

（3）道路通行能力条件：轻交通流方向车道数量减少后通行能力依然可以满足通行需求。

在交通管理中，潮汐车道属于较复杂的交通工程改造项目，做好精细化交通设计尤为重要。潮汐车道的交通设计内容如下：

（1）潮汐车道起终点确定；

（2）潮汐车道起终点处的衔接设计；

（3）潮汐车道沿线交叉口左转交通流组织设计；

（4）潮汐车道清空时间设计；

（5）潮汐车道限速方案设计；

（6）配套交通管理设施设计，包括标线、标志、信号灯、电子警察等。

6.2.4　单行路

单行组织是指在规定路段、规定时间，全部或部分车辆只能按同一方向行驶的道路交通组织形式，主要涉及机动车单行。

　　绝大部分单行路是在全时段实施固定方向的单向通行，但对一些特殊的交通管理需求，可能也会考虑以下几种形式的单行组织方案。

　　（1）潮汐单行路。在设计单行组织方案时，如果道路具有明显的潮汐特征，则可考虑设置潮汐单行路，即不同时段的单行方向相反，以提高道路的利用率。

　　（2）分时单行路。分时单行路只在特定时段（如早晚高峰、上下学）实施单行组织，而在其他时段恢复双向交通，以解决特定时段的交通问题，如图 6-47 所示。

图 6-47　分时单行路

　　（3）临时单行路。针对占道施工、大型活动等临时性的交通管理问题，可考虑设置临时单行路，以保证道路的通行功能。

　　在交通管理中，单行组织作为交通影响较大的一种交通组织方式，其优缺点较为明显。

　　单行路的设置可使交通冲突点大幅减少，从而改善交通运行质量。据统计，单行路可将道路通行能力提高 20%~50%，交通事故减少 10%~50%，行程速度提高 10%~50%。此外，单行路的设置还能起到增加停车供给、打通瓶颈路段、改善交通秩序等作用。

　　设置单行路容易导致部分道路使用者的出行距离增加，从而出现反对声音。为此，单行组织方案中应详细考虑所有出行方向的绕行距离，尽量避免出现不可接受的绕行路线，且应尽量保持非机动车的双向通行。此外，对于不熟悉环境的道路使用者，易出现逆向误行的情况，从而形成交通违法，如图 6-48 所示。为此，单行组织方案中应科学设置与单行路配套的标志、标线、隔离等交通管理设施。

图 6-48　单行路逆行

鉴于单行路的以上缺点，设置前应对其可行性进行评估。除了周边应有平行且可作为反向单行的配套道路以外，单行路的设置应至少符合如下条件之一：

（1）道路双向交通流达到饱和状态的支路或次干路；

（2）由于道路过窄、路内停车等原因，道路空间不满足双向通行；

（3）道路沿线开口较多，左转交通流对主线交通流影响较大；

（4）道路平行于较大流量的主干路，承担对主干路交通分流的作用；

（5）五路及以上道路相交的交叉口，低等级道路的驶入车流对交叉口整体交通运行影响较大。

在交通管理中，单行路属于易形成舆论争议的交通工程改造项目，做好精细化交通设计非常重要。单行路的交通设计内容如下：

（1）单行路通行方向、起终点、通行车种、通行时间等确定；

（2）单行路沿线交叉口、出入口等机动车、非机动车及行人交通组织设计；

（3）反向交通需求的绕行路线设计；

（4）单行路起终点处单、双向交通的衔接设计；

（5）沿线交通管理设施设计，包括标志、标线、信号灯、监测设备等；

（6）相邻交叉口与单向交通有关的指示、绕行、告示等标志设计；

（7）其他交通设施设计，包括沿线过街设施、停车设施、公交设施等。

6.3　限速管理

道路限速管理作为道路交通管理的一项重要内容，不仅影响交通安全，而且影响交通效率。因此，道路限速管理方案必须做到合法、科学、规范。道路限速管理主要包括限速区划分、限速值确定、限速方式选择及限速标志设置。

6.3.1　限速分类

为使道路的限速管理范围无死角，充分保证行车安全，道路限速可分为以下两种基本类型。

6.3.1.1　法定限速

法定限速是指由法律、法规、规章等所规定的道路限速，只适用于未设限速标志的情况。法定限速可分为城市道路与公路两大体系。例如，《中华人民共和国道路交通安全法实施条例》第四十五条第二项规定，同方向只有 1 条机动车道的道路，城市道路限速为每小时 50 公里，公路限速为每小时 70 公里。

6.3.1.2　标志限速

标志限速主要通过设置限速标志公示道路限速规定，也可辅以路面限制速度标线。相比法定限速，标志限速能够反映特定的道路功能、道路条件及交通环境。

（1）静态标志限速。静态标志限速通过静态交通标志公示道路的限速规定，除非拆除，否则将一直存在且保持标志内容不变。

（2）动态标志限速。动态标志限速通过可变信息标志公示道路的限速规定，限速值可根据天气、施工等特殊情况进行临时调整。

6.3.2　限速区

限速区是指采用同一限速值的一段道路区间或者一片路网区域。限速区一般配合标志限速出现，适用于法定限速无法满足交通管理需求的情况。

作为道路限速管理的基础性工作，限速区的划分应尽可能保证同一限速区内道路功能、道路条件及交通环境较为一致。此外，限速区不能太小，否则将影响车辆行驶的平稳性，也会增加驾驶人操作的复杂性。

不同国家对于道路限速区的规定有所差别，下面将对我国限速区有关规定、常见问题及优化措施进行汇总。

6.3.2.1 一般限速区

按照《道路交通标志和标线 第5部分：限制速度》（GB 5768.5—2017）的有关规定，限速区最小长度见表6-11。

表6-11 限速区最小长度

限速值（km/h）	30	40	50	60	70	80	90	100	≥110
最小长度（km）	0.3	0.4	0.5	0.6	0.7	0.8	0.9	2	10

我国道路一般限速区长度过小的情况多出现在急弯路段、穿村屯、单点测速等位置。此时，应将限速区进行适当延长，或与相邻限速区进行整合处理。

6.3.2.2 特殊限速区

特殊限速区是指具有特殊限速管理需求的道路区间，如中小学校、幼儿园等附近。按照《道路交通标志和标线 第5部分：限制速度》（GB 5768.5—2017）、《道路交通标志和标线 第8部分：学校区域》（GB 5768.8—2018）等有关规定，学校区域限速区为学校校门上、下游150m半径范围内，且长度不应小于0.2km，如图6-49所示。

图 6-49 学校限速区

6.3.2.3 限速区构成

参考《公路限速标志设计规范》（JTG/T 3381—02—2020）的有关规定，限速区内受道路线形、运行特征、路侧干扰、路域环境等因素影响，不符合预期限速值的受限路段总长不宜大于限速区总长的 15%~20%。

我国道路限速区构成不合理的情况多出现在山区弯坡路段、穿村过镇路段等。此时，应将限速区进行合理调整，或对限速值进行必要调整。

6.3.2.4 起终点位置

（1）作业区。按照《道路交通标志和标线 第 4 部分：作业区》（GB 5768.4—2017）的有关规定，应在上游过渡区起点之前设置限速标志，并在终止区末端对作业区的速度限制予以解除。如图 6-50 所示，施工路段限速区起点位置不合理。

图 6-50   施工路段限速区起点位置不合理

（2）铁路道口。按照《道路交通标志和标线 第 6 部分：铁路道口》（GB 5768.6—2017）的有关规定，铁路道口上游 30m 左右应设限速标志，下游 5m 外解除限速。

（3）弯道。按照《道路交通标志和标线 第 2 部分：道路交通标志》（GB 5768.2—2022）的有关规定，限速标志应设在弯道圆曲线起点前。如图 6-51 所示，弯道限速区起点位置不合理。

图 6-51   弯道限速区起点位置不合理

（4）隧道。按照《公路限速标志设计规范》（JTG/T 3381—02—2020）的有关规定，隧道限速标志宜设在隧道入口前 100~200m 处。如图 6-52 所示，隧道限速区起点位置不合理。

图 6-52　隧道限速区起点位置不合理

（5）穿村过镇。参考《道路交通标志和标线　第 2 部分：道路交通标志》（GB 5768.2—2022）的有关规定，限速标志应设在公路穿越村镇或城镇化路段前适当位置。如图 6-53 所示，穿村过镇限速区起点位置不合理。

图 6-53　穿村过镇限速区起点位置不合理

6.3.3 限速值

限速值是指道路上允许车辆行驶的最高或最低速度值。在不加特殊说明时，限速值一般特指最高限速值。限速值设定的基本原则如下。

（1）遵守法律：限速值须遵守法律、法规、规章等有关规定；

（2）符合期望：限速值符合多数驾驶人的心理预期，避免与驾驶人的预期严重不符；

（3）协调一致：避免限速值频繁变化，保证路网中相似条件的路段限速值具有较高的一致性。

不同国家对于道路限速值的规定有所差别，下面将对我国限速值有关规定、常见问题及优化措施进行汇总。

（1）限速值过低。按照《道路交通标志和标线 第 2 部分：道路交通标志》（GB 5768.2—2022）的有关规定，道路限速值不宜低于 30km/h。然而，我国一些道路采用过低的限速值而无充分理由，如图 6-54 所示。

图 6-54　限速值过低

（2）限速值过高。按照《道路交通标志和标线 第 5 部分：限制速度》（GB 5768.5—2017）的有关规定，道路限速值可高于设计速度值 10～20km/h，但前提是要符合法律规定，且应进行交通工程论证；道路上跨海大桥、特长隧道等长大结构物的道路限速值不宜高于设计速度值；路域环境复杂路段的道路限速值不宜高于设计速度值。

按照《道路交通标志和标线 第 4 部分：作业区》（GB 5768.4—2017）的有

关规定，作业区的道路限速值设置不应大于表 6-12 中的数值。

表 6-12 作业区道路限速值要求

设计速度值（km/h）	120	100	80	60	50、40、30	20
道路限速值（km/h）	80	70	60	40	30	20

按照《道路交通标志和标线 第 8 部分：学校区域》（GB 5768.8—2018）的有关规定，学校区域的限速值不宜超过 30km/h。

按照《道路交通标志和标线 第 6 部分：铁路道口》（GB 5768.6—2017）的有关规定，铁路道口限速值取 30km/h。

此外，结合国内外经验做法，考虑机动车对向碰撞后果的严重性，本书建议缺少中分带的道路限速值不宜超过 70km/h。如图 6-55 所示，二级公路的限速值采用 80km/h，限速值过高；如图 6-56 所示，双向 4 车道的单幅公路限速值采用 80km/h，限速值同样过高。

图 6-55 二级公路限速值过高

图 6-56　双向 4 车道单幅公路限速值过高

（3）限速差过大。按照《公路限速标志设计规范》（JTG/T 3381—02—2020）的有关规定，相邻两个限速区的道路限速值之差一般不应大于 20km/h；公路互通式立体交叉主线、减速车道及出口匝道之间的限速值之差不宜超过 30km/h。如图 6-57 所示，一般限速区与特殊限速区之间限速差过大，此时应在两个限速区之间增加一个过渡限速区，如果过渡限速区长度不足，则应调整一般限速区的起点位置。

图 6-57　一般限速区与特殊限速区之间限速差过大

6.3.4 限速方式

限速方式是指根据限速管理需求对限速值区分情况施行的规定，包括空间方式、时间方式、车型方式及组合方式等。在交通管理中，慎重采用复杂的限速方式，以免形成其他交通安全隐患。除了最常见的道路单一限速外，其他典型限速方式如下。

（1）区域限速。区域限速一般适用于相对独立的区域，如学校周边区域、城市中心区、商业繁华区、居民聚集区等。区域限速方案的实施主要是防范交通事故的发生，所以通常采用 30km/h 或 40km/h 的限速值，限速标志设置在限速区域的各个入口处，如图 6-58 所示；解除限速标志设置在限速区域的各个出口处。

图 6-58 区域限速标志

（2）分时段限速。分时段限速是指不同时间采用不同限速值的限速方式，一般根据流量变化、环境因素、路况特点等设定合理的限速值。分时段限速方案通常应用于学校区域、作业区、旅游区等周边，如图 6-59 所示。如果时间变化特征明显，则应考虑采用动态标志限速。

图 6-59　学校区域分时段限速标志

（3）分车型限速。对于大型车辆、低速车辆等占比较大的双向 4 车道及以上道路，可考虑实施分车型限速，特别是长下坡路段、长大结构物等，如图 6-60 所示。分车型限速可与分车道限速组合实施，并可设置大型车辆靠右行驶标志。对于双向 2 车道及以下道路，应避免实施分车型限速，否则将会由于速度差问题产生大量借用对向车道的超车行为，从而增加交通事故风险。

图 6-60　长下坡路段分车型限速

（4）分车道限速。对于大型车辆、低速车辆等占比较大的双向 6 车道及以上道路，可考虑实施分车道限速，而且多与分车型限速组合实施。双向 8 车道的高等级公路宜采用分车道限速方式，如图 6-61 所示。设置慢车道的二级公路可根据需求采用分车道限速方式。

图 6-61　分车道限速

6.3.5　限速标志

道路限速管理相关的交通标志主要包括限制速度标志、解除限速标志及建议速度标志。限速标志设置的基本原则如下。

（1）符合规范：限速标志的尺寸大小、设置高度、支撑结构、版面形式、设置位置等均应符合相关标准；

（2）清晰明了：限速标志应做到可见、清晰、简洁、无争议且不被遮挡；

（3）维护及时：应及时维修或更换破损、老旧、过时的限速标志。

不同国家对于限速标志的规定有所差别，下面将对我国限速标志有关规定、常见问题及优化措施进行汇总。

6.3.5.1　限制速度标志

（1）支撑结构。按照《公路限速标志设计规范》（JTG/T 3381—02—2020）的有关规定，双车道公路宜设置柱式限制速度标志；4、6 车道公路采用单一限速或分车型限速方式时宜设置柱式限制速度标志，流量较大、大型车辆较多或存在其他因素影响柱式限制速度标志视认性时宜设置悬臂式或门架式限制速度标志；8 车道公路及采用分车道限速的 6 车道公路应设门架式限制速度标志。如图 6-62 所示，限制速度标志支撑结构不合理。

图 6-62　限制速度标志支撑结构不合理

（2）设置位置。按照《公路限速标志设计规范》（JTG/T 3381—02—2020）的有关规定，高速公路、一级公路或干线二级公路的限速区较长，但在间隔 0.25h 设计速度行程长度内无限速标志时宜重复设置限制速度标志。

6.3.5.2　解除限速标志

按照《道路交通标志和标线　第 5 部分：限制速度》（GB 5768.5—2017）的有关规定，标志限速的解除可分为两种方式：一种是设置解除限速标志；另一种是新设不同限速值的限制速度标志。如图 6-63 所示，解除限速标志设置不合理。

图 6-63　解除限速标志设置不合理

6.3.5.3　建议速度标志

按照《道路交通标志和标线　第 2 部分：道路交通标志》（GB 5768.2—2022）的有关规定，建议速度标志一般不单独使用，宜与其他警告标志（如急弯路标志）联合使用或附加辅助标志，从而说明建议速度的原因或路段、长度等。

按照《公路限速标志设计规范》（JTG/T 3381—02—2020）的有关规定，受限于道路线形条件，运行速度小于所在一般限速区的基本限速值，且其长度较短时可设置建议速度标志，如图 6-64 所示。

图 6-64　建议速度标志

6.3.6　限速调整

激进的限速管理方案将会加大交通事故风险，保守的限速管理方案又会影响通行效率，从而造成道路资源浪费。因此，一旦发现限速管理方案已不符合实际需求，则应及时进行调整，但切勿针对同一位置频繁进行限速方案调整。

限速管理方案的调整多被认为是一项经验性工作，实则更是一项技术性工作。限速管理方案的调整技术流程如下。

（1）需求分析。限速管理方案调整的需求主要包括以下情况：法定限速已经不能满足交通管理的需求；标志限速已经不能适应当前的道路交通环境；驾驶人或周边居民普遍提出调整限速管理方案的诉求；限速管理方案不符合最新的法律、法规、规章或标准；限速区交通事故多发且与限速管理方案有关。

（2）收集资料。限速管理方案调整所需的基础资料主要包括：交通事故历史信息；交通违法历史数据；道路设计、养护、竣工等技术资料。

（3）现场勘查。现场勘查主要包括道路横断面、道路线形、路侧开发、交叉口、接入口、出入口、慢行设施、停车设施、公交设施、照明设施、交通安全设施、视距条件、道路容错性及上下游路段限速方案等。

（4）数据调查。限速管理方案调整所需的基础数据包括流量流向、地点速度、交通构成等。

（5）数据分析。数据分析主要包括运行速度分析、事故数据分析、流量流向分析、交通构成分析、限速区长度分析等内容。

（6）走访咨询。走访咨询对象主要包括驾驶人、周边居民、管理人员等。

（7）申报。针对所制定的限速管理方案按照规定程序进行申报。

（8）公示。针对获批后的限速管理方案对外进行公示。

（9）方案实施。安装限制速度标志、解除限速标志、建议速度标志及相关附属设施。

（10）现场确认。针对实施后的限速管理方案进行现场确认，包括交通运行、超速比例、标志维护等情况。

课后作业

1. 选择一个路段制定横断面优化方案。

2. 选择一个路段制定车道管理优化方案。

3. 选择一个路段调整限速管理方案。

主要参考文献

［1］ Marc Green. Roadway Human Factors：From Science to Application ［M］. Tucson：Lawyers & Judges Publishing Company，Inc.，2018.

［2］ 袁泉，王涛. 交通人因工程 ［M］. 北京：清华大学出版社，2023.

［3］ 徐耀赐. 道路交通工程设计理论基础 ［M］. 北京：人民交通出版社，2021.

［4］ 王炜，陈峻，过秀成，等. 交通工程学 ［M］. 南京：东南大学出版社，2020.

［5］ 宋传增，李鑫磊，法政. 道路线形安全分析与评价应用 ［M］. 北京：中国建筑工业出版社，2017.

［6］ 王建军，马超群，王玉萍等. 交通调查与分析 ［M］. 北京：人民交通出版社，2022.

［7］ 李江，王文治，吕哲民编译. 交通工程调查指南 ［M］. 北京：人民交通出版社，1988.

［8］ 孟祥海，章锡俏，郑来，等. 交通工程设施设计 ［M］. 北京：人民交通出版社，2021.

［9］ 唐玲玲，侯德藻，陈瑜，等. 道路交通标志和标线手册 ［M］. 北京：人民交通出版社，2023.

［10］ 周蔚吾，蔡策，史星. 道路交通信号灯控制设置技术手册 ［M］. 北京：知识产权出版社，2009.

［11］ JT/T 280—2022. 路面标线涂料 ［S］. 北京：人民交通出版社，2022.

［12］ GB/T 24722—2020. 路面标线用玻璃珠 ［S］. 北京：人民交通出版社，2020.

［13］ GB/T 18226—2015. 公路交通工程钢构件防腐技术条件［S］. 北京：中国标准出版社，2015.

［14］ Michael Levasseur, Peter Croft, David Bennett, et al. Guide to Traffic Management Part 6: Intersections, Interchanges and Crossings［M］. Sydney: Austroads Ltd., 2013.

［15］ HSM. Highway Safety Manual［S］. Washington, D. C.: American Association of State Highway and Transportation Officials, 2010.

［16］ HCM. Highway Capacity Manual［S］. Washington, D. C.: Transportation Research Board, 2016.

［17］ MUTCD. Manual on Uniform Traffic Control Devices［S］. Washington, D. C.: Federal Highway Administration, 2023.

［18］ GB 5768.2—2022. 道路交通标志和标线 第2部分：道路交通标志［S］. 北京：中国标准出版社，2022.

［19］ GB 5768.3—2009. 道路交通标志和标线 第3部分：道路交通标线［S］. 北京：中国标准出版社，2009.

［20］ GB 5768.5—2017. 道路交通标志和标线 第5部分：限制速度［S］. 北京：中国标准出版社，2017.

［21］ GB 51038—2015. 城市道路交通标志和标线设置规范［S］. 北京：中国计划出版社，2015.

［22］ JTG D82—2009. 公路交通标志和标线设置规范［S］. 北京：人民交通出版社，2009.

［23］ GB 14886—2016. 道路交通信号灯设置与安装规范［S］. 北京：中国标准出版社，2016.

［24］ GB 25280—2016. 道路交通信号控制机［S］. 北京：中国标准出版社，2016.

［25］ GB 50688—2011. 城市道路交通设施设计规范［S］. 北京：中国计划出版社，2011.

［26］ JTG D81—2017. 公路交通安全设施设计规范［S］. 北京：人民交通出版

社，2017.

[27] JTG/T D81—2017. 公路交通安全设施设计细则 [S]. 北京：人民交通出版社，2017.

[28] GA/T 1567—2019. 城市道路交通隔离栏设置指南 [S]. 北京：中国标准出版社，2019.

[29] GB/T 24972—2010. 弹性交通柱 [S]. 北京：中国标准出版社，2010.

[30] JTG D20—2017. 公路路线设计规范 [S]. 北京：人民交通出版社，2017.

[31] CJJ 152—2010. 城市道路交叉口设计规程 [S]. 北京：中国建筑工业出版社，2010.

[32] JTG B01—2014. 公路工程技术标准 [S]. 北京：人民交通出版社，2014.

[33] GB 5768.6—2017. 道路交通标志和标线 第6部分：铁路道口 [S]. 北京：中国标准出版社，2017.

[34] DB 11/T 1163—2022. 公交专用道设置规范 [S]. 北京：中国建筑工业出版社，2010.

[35] AS 1742.2—2009. Manual of Uniform Traffic Control Devices Part 2：Traffic Control Devices for General Use [S]. Sydney：Standards Australia GPO，2009.

[36] CJJ 129—2009. 城市快速路设计规程 [S]. 北京：中国建筑工业出版社，2009.

[37] CJJ 37—2012. 城市道路工程设计规范 [S]. 北京：中国建筑工业出版社，2012.

[38] GA/T 850—2021. 城市道路路内停车位设置规范 [S]. 北京：中国标准出版社，2021.

[39] JTG/T 3381—02—2020. 公路限速标志设计规范 [S]. 北京：人民交通出版社，2020.

[40] GB 5768.8—2018. 道路交通标志和标线 第8部分：学校区域 [S]. 北京：中国标准出版社，2018.

[41] GB 5768.4—2017. 道路交通标志和标线 第4部分：作业区 [S]. 北京：中国标准出版社，2017.

［42］GB/T 36670—2018. 城市道路交通组织设计规范 ［S］. 北京：中国建筑工业出版社，2018.

［43］公安部交通管理科学研究所. 城市道路平面交叉口渠化设计手册 ［M］. 北京：机械工业出版社，2021.

［44］公安部交通管理科学研究所. 城市道路交通信号控制设计手册 ［M］. 北京：机械工业出版社，2023.

［45］DB 34/T 2423—2015. 安徽省城市道路交叉口信号控制设计规范 ［S］. 合肥：安徽省质量技术监督局，2015.